U0681059

读客文化

人文篇 ▶ 多角度理解人文

从越多角度看待问题，就有越多解决问题的方法！

罗辑思维

罗振宇 • 著

文汇出版社

图书在版编目（CIP）数据

罗辑思维. 人文篇 / 罗振宇著. -- 上海 : 文汇出
版社，2020.12

ISBN 978-7-5496-3339-5

Ⅰ. ①罗… Ⅱ. ①罗… Ⅲ. ①经济管理－通俗读物

Ⅳ. ①F2-49

中国版本图书馆CIP数据核字(2020)第185677号

罗辑思维：人文篇

作　　者 / 罗振宇

责任编辑 / 徐曙蕾
特邀编辑 / 敖　冬
封面装帧 / 唐　旭　　谢　丽

出版发行 / 文汇出版社
　　　　　　上海市威海路 755 号
　　　　　　（邮政编码 200041）
经　　销 / 全国新华书店
印刷装订 / 河北鹏润印刷有限公司
版　　次 / 2020 年 12 月第 1 版
印　　次 / 2021 年 12 月第 4 次印刷
开　　本 / 890mm × 1270mm　　1/32
字　　数 / 148 千字
印　　张 / 7.75

ISBN 978-7-5496-3339-5
定　　价 / 39.90 元

侵权必究
装订质量问题，请致电010-87681002（免费更换，邮寄到付）

目录

第4章

4

艺术

第 **5** 章

社会百态

不同的成就，不同道路，领受不同奖赏。

要学会把创造力变成产品，把奇思妙想纳入到社会的主流轨道上来，成为社会结构的一部分。

第 **1** 章

文学

经典文学为什么"不好看"

第一个答案是，因为它的任务压根就不是逢迎那个时代的读者，它的任务是要从原有的、习惯的、熟悉的文学表达中走出来，来到一个更广阔但是很陌生的新世界。更直白地说，就是让读者从原来的舒适状态中走出来，给他找点别扭，进入很可能不再舒适的新世界。

有人曾经半开玩笑地说，文学经典就是那种人人都知道，但却没人去读的作品。虽然是玩笑话，但也是个事实。现实中确实没有多少人真去读那些经典。我们随便列举几个经典作品：普鲁斯特的《追忆似水年华》、托马斯·曼的《魔山》、卡夫卡的《城堡》、马尔克斯的《百年孤独》，乔伊斯的《尤利西斯》，都如雷贯耳吧？但是我们扪心自问一下，你都完整地读过吗？可能不少人买过，但又有多少人真正从头到尾读过呢？

至少我就得坦白承认，我读过《百年孤独》和《城堡》，其他几本买过，但是都没有读过。即使读过的这两本，也都没读出什么好来。

有人可能就会感慨，这个时代很悲哀啦，现在的文化环境很堕落啦，大家都静不下心来读经典啦，沉迷于各种文化快餐啦。这样的论调，你一定听到很多。

但是，最近我看到一些材料说，实际上，不仅是我们中国人不读，西方人也不读。有一家英国图书俱乐部的研究发现，40%的英国人承认，他们把文学作品摆在书架上纯粹是做做样子，为了面子上好看；有71%的英国人承认，为了显得更有文化，会吹嘘自己读过某些名著。所以这至少不是中国人的问题。那为什么大家不去读经典呢？经常得到的答案是，经典太艰涩了，不好看。

我也听到过一种说法，说什么文学经典，读者不爱读，书店卖不好，没有经过市场检验的东西，也能叫经典？无非是少数文化人装腔作势、故弄玄虚而已，是皇帝的新衣。真正的经典，就应该是畅销书、热门书、人人都爱读的书。换一句网络术语来说，就是流量大的书才是经典。

那么哪种说法有道理呢？我们来解释一下这件事。

我们从英国作家福斯特说起。爱德华·福斯特，和乔伊斯、劳伦斯、伍尔夫被称为20世纪英国最伟大的小说家。福斯特的作品不多，长篇小说六部，短篇小说集两部。其中两篇长篇小说《印度之行》《看得见风景的房间》曾被改编为电影。不过，虽然改编成电影了，也没有多少人真的去读原著。

那为什么福斯特还有那么高的文坛地位呢？因为他提出了全新的问题。

19世纪后期，英国变成了全球最大的工业发达国家，这样的国家在人类历史上从来没有过，社会结构、人的心态也发生了重大变化，但这些变化没有反映在作品里。用福斯特的话说，因为人与人之间的隔膜，每个人的心都开始发育不良，他的作品就是给这种病去找药。当然先不说药管不管用，但是他确实提出了一个从来没有人说的问题。

在比福斯特早一辈的英国作家，像狄更斯的作品里面，就没有这些问题，因为那个时候的社会没有这些问题。换句话说，福斯特通过提出全新的问题，拓展了人们思考的范围和领域。即使他的作品不是畅销书，但他提出的问题已经改变了人们的思维世界。

再说个德国的例子，前些年，德国贝塔斯曼出版社组织几十名德国著名的作家、评论家做了一个评选，选出20世纪最重要的德语长篇小说。得票最多的，也就是20世纪最重要的德语长篇小说，名叫《没有个性的人》，作者是罗伯特·穆齐尔。相信大多数朋友对这位作家和这部小说都闻所未闻。

那它为什么如此重要呢？德国评论家说，这是一部真正的现代精神小说。长篇小说从19世纪向20世纪的发展，主要的变化就是从情节长篇小说向精神长篇小说的转化。《没有个性的人》就是这个转化中最重要的作品。

同时期法国作家普鲁斯特的《追忆似水年华》开创了"意识流"的文学流派。所谓"意识流"小说，其特点是打破了传统小说的表达方式，采取直接叙述意识流动过程的方法来结构篇章和塑造人物形象。

这些经典作品，不仅本身晦涩难懂，就是评论家简单概括它们的特点，听起来也很难懂。不过，虽然我们不太懂评论家到底在说什么，但有一点是可以听明白的，那就是这些经典作品在文学创作上都实现了某个方向上的突破：或者是在语言表达上，或者是在叙事结构上，或者是提出了新的时代问题，等等。

其实那些更早的经典作品之所以被列为经典，同样是因为在那个时代这些作品在某个方面有自己的突破性贡献。英国的莎士比亚、俄罗斯的普希金、德国的歌德、意大利的薄伽丘，都是他们各自现代民族语言的开创者和丰富者。也就是说，经典之所以成为经典，是因为它们在人类原有的语言表达、叙事方式、问题背景、时代精神方面做出了拓展，让人类的文学世界比过去更广阔了，所以才会被记录进文学史。

明白了这些作品为什么是经典，为什么被记录进文学史，前面提的那个问题"文学经典为什么通常不好看？"就有了一系列的答案。

第一个答案是，因为它的任务压根就不是逢迎那个时代的读者，它的任务是要从原有的、习惯的、熟悉的文学表达中走出来，来到一个更广阔但是很陌生的新世界。更直白地说，就是让读者从原来的舒适状态中走出来，给他找点别扭，进入很可能不再舒适的新世界。

反过来说，那些特别好看的文学，它们会给读者提供新内容、新形象、新情节，但它的表达方式、思维结构、审美偏好、时代精神，一定是早已深入人心的老一套。所以，它们好看，但是不会被写进文学史，成为经典。

第二个答案是，因为经典文学探索的是新世界，即使它是开山祖师，打通了一条路，但它毕竟是这条路上的第一个人，各方面不成熟很正常。比如胡适的《尝试集》，中国白话诗歌的第一部诗集，就诗歌水平来说当然不行，但它是第一部，所以是经典。再拿汽车来举例子，今天随便一个汽车厂的低端汽车，也会比卡尔·本茨当年打造的人类历史上的第一部汽车好很多倍。但是如果要说对人类文明的贡献，你说哪一款是经典呢？

那经典是不是就注定不受市场欢迎？对，这确实是一个事实。至少它的销量肯定比不过最当红的通俗作品。《红楼梦》卖得再好，也不如很多网络文学赚钱。

这是对经典的不公平吗？不是。人类社会衍生出了两种机制来分别奖励两类作品。一种是用市场机制，也就是全民投票的机制，来对通俗作品做金钱上的奖励。另一种则是用荣誉机制，也就是同行评价的机制，来对经典作品做声望上的奖励。这没有什么不公平，是各得其所。

谈论这个话题是想破除一个观念。在很多人的想象里，一个美好、正义的世界，就应该是最厉害的人通吃所有，应该文能提笔安天下，武能上马定乾坤，既应该名扬后世，又能够富可敌国。你经常听人说，英雄怎么能穷，好人怎么能吃亏？

但是在真实世界里，你踏上任何一条路，都意味着你不仅选择了这条路，你还选择了它的代价，也选择了收益的方式，没有什么可愤愤不平的。就拿文学来说，责骂公众不读经典是一种堕落，或者责骂经典没有用户是一种虚伪，这两种责骂和倾向都是不肯承认真实世界里的那个基本定律：

　　不同的成就，不同的道路，领受不同的奖赏。

网络小说：让人上瘾的三大公式

想想也是，这可不仅仅是网络小说的秘密。你想给别人带来精神愉悦和快感，这是一个通用的共识。如果一件事有这么三个特征，想让人不上瘾也难。

从人的大脑机制来看，阅读是一件很难的事情。因为人类世界出现文字的时间太短了，才几千年，我们还没有进化出适应阅读的大脑硬件。所以想要获得阅读能力，是要靠大剂量高强度的后天训练才可以的。

但是有一个相反的例子，就是网络小说。你可别小看网络小说，这是我们这一代中国人独创的文化现象。

网络小说的篇幅一般都特别长，几百万字是一般水平。极端点的，比如雷云风暴的《从零开始》，连续写了11年，总字数2000万字，足够一位读者从初中一直追到大学毕业。仅仅这个字数，就超过很多人一生的阅读量了。

你不觉得奇怪吗？我们都说，娱乐正在把我们这代人的时间碎片化，可是网络小说怎么越来越长，一点也不碎片呢？

如果说提供快感，游戏也提供快感，绝对不输网络小说。但是游戏在时间属性上有个趋势，就是越来越短，打一局游戏的时间越来越少。十年前火起来的DOTA游戏，一局游戏怎么也要玩1个小时。后来的英雄联盟，节奏就加快了，只需要40分钟。到现在，王者荣耀一局也就是20分钟左右。

不止游戏，同样占了互联网流量大头的视频也是这个趋势。最开始的时候，一个视频节目怎么也要40分钟、1个小时，后来出现了10分钟以内的短视频。到了现在，几分钟都嫌长了，抖音上一个短视频只有十几秒。

在游戏和视频的逻辑里，时间长短和吸引力大小似乎是相互矛盾的，需要一个就得放弃另一个。这也很好理解，想给用户提供最大的快感，就一定要压缩时间才能提高快感的浓度，浓度越高越吸引人。

可是再看看网络小说，完全没有变短的趋势。如果一个作者写几个月不写了，读者会认为你是烂尾了，还专门给这类小说起了个不好听的名字，叫"太监小说"，专门嘲讽作者，说下面没有了。

反而有一些小说已经写得很长，读者不但不觉得反感，还会要求作者继续写下去。就比如《凡人修仙传》更新了五年，本来已经完更了，结果在读者的呼吁下，作者在2017年又开始写起了续篇。读者不嫌烦，这很奇怪。

还有一点，网络小说是我们这一代中国人发明的，从中国兴起的，但是别以为它只适合中国人。

有一个叫作wuxiaworld（武侠世界）的网站，上面全部都是国内网络小说的外语版。这个网站的读者遍及全世界，它的访问量现在仅次于国内最大的网络小说网站起点中文网。

如果去看一下这个网站下国外读者的评论，你会发现即便是翻译过去的内容，也丝毫没有减少它们的魅力。

有人在网站的留言区讲了自己的经历。本来自己因为失恋，居然吸了毒，可是后来看到网络小说，竟然靠着它的强大吸引力戒掉了毒瘾。还有人说，因为总是等不到自己喜欢的小说更新，嫌网站翻译得太慢，所以自己去学习了中文，这下就能到中文网站直接看了。中文这么难学，可见网络小说的魅力有多大。

为什么在别的地方，时长和吸引力是一对矛盾，但是对网络小说来说这个逻辑就失效了呢？

在网络小说里有一个"黄金三章"的说法，一部网络小说是不是能长期吸引人，只需要看开篇的三章就可以做出判断，因为这些小说的开篇都有着非常类似的套路。于是很多网络小说的编辑判断某个作品是不是值得签约，就是要看你的开篇是不是在遵循这个套路。甚至有过这样的情况，有作者把前面开篇写好了，后来自己都不写了，而是交给其他写手继续写，读者照样非常买账。

黄金三章是什么套路呢？我简单总结了一下，至少有以下三点：

第一，在开篇一定要先交代小说的终极目标是什么。再长，哪怕几千万字，必须要交代这个终极目标。比如网络小说有各种各样的流派，废材退婚流、洪荒流、无限流等等，但是几乎所有流派的共同点都是一样的，除了介绍一些背景信息外，一开始就把小说的终极目标说清楚。

比如特别火的小说《斗破苍穹》，它就是废材退婚流小说。开篇就说主角因为实力很弱，被原来有婚约的大家族退婚了。这是人生的奇耻大辱，那么这部小说的终极目标就是主角快速成长，最后成功，给对方一记响亮的耳光。当年你对我爱搭不理，现在我让你高攀不起。读者从一开始就是知道这个情节终点的，这和传统小说技法隐藏情节终点，是不是正好相反？

只有一个大目标还不行，第二个套路，还需要清晰的成长路径，所以还需要交待出这个小说世界里的能力进阶体系。比如，修仙小说的成长路径至少就分成四层境界：炼精化气、炼气化神、炼神还虚和炼虚合道四个阶段。然后每个阶段再细分，每部小说不一样，通常很繁复。主人公沿着这个漫长的台阶，一级一级地往上走，这也是网络小说一开篇往往就要交代的。

黄金三章真正的特殊之处在于它的第三点，那就是一定要有"金手指"。金手指这个词，最开始是来自于游戏圈的，是游戏作弊器的意思。在小说里的金手指当然也是用来作弊的，要么是主角无意中找到了什么宝物，要么是有什么奇遇，每当主角遇到困难时金手指都会帮主角解决问题。说白了，也就是人物成长的一个作弊工具。

比如《斗破苍穹》里面的金手指，就是在开篇主角捡了个戒指，里面有一个高人的灵魂，每当主角遇到困难的时候，他都会出面指导主角，帮助主角渡过难关。

还有常见的穿越小说，主角通常是从现代穿越回古代的，所以他们脑子里有现代人的知识，知道历史走向。对很多大事可以提前准备，让自己能称王称帝，这就是自带金手指。

发现没有，这和传统的英雄小说、武侠小说不太一样。传统的武侠小说，不会一开篇就让主角获得金手指，给他一把宝剑或是一本经书。要等到主角受尽磨难之后，主角在最低谷时才会得到金手指。

可是网络小说不一样，往往一开篇就给了主角金手指。而且每一次主角利用金手指修改了历史的进展，都是对读者的想法和期待的印证，从而让读者产生巨大快感。

我们可以总结一下，网络小说之所以能带来那么巨大的阅读快感，最核心的三个武器：第一，明确的目的；第二，清晰的台阶；第三，作弊的工具。

想想也是，这可不仅仅是网络小说的秘密。你想给别人带来精神愉悦和快感，这是一个通用的共识。如果一件事有这么三个特征，想让人不上瘾也难。就比如说学习，按说很艰苦，但是为什么还有学霸呢？他一定是因为有以下三个东西：明确的学习目标、清晰的升级路径、某种被激发出来的可以碾压他人的天赋。一旦有人具备这三个条件，他想不成为学霸也难。

网络小说是这一代中国人的重大文化成就之一。我们中国人很可能已经找到了给读者制造爽感的终极公式。

天才编辑与海明威

总之，看珀金斯和海明威打交道，感觉海明威就是一个控制不住自己的炸弹，酗酒、打架、骂脏话，假如没有珀金斯像一堵墙一样挡在他面前，控制他的公众形象，世界著名作家的名单里，可能就没有海明威这个人了。

最近，我读了一本书，名叫《天才的编辑》。这是一本传记，讲的是美国出版史上的传奇编辑，麦克斯·珀金斯。听名字你可能有点陌生，但说起他在美国出版界的地位，我列举几件事，你感受一下。

1952年，海明威出版小说《老人与海》，在扉页里，他写道，"将此书献给珀金斯"。《了不起的盖茨比》的作者，菲茨杰拉德在给海明威的一封信里，把珀金斯称为"我们共同的父亲"。还有一位在美国家喻户晓的作家，托马斯·沃尔夫在代表作《时间与河流》的献词中说，"假如没有珀金斯，也就没有这本书"。

可以说，在20世纪前半段，一战到二战之间的这段时间里，美国文学史上影响力最大的三位作家，都是珀金斯一手挖掘出来的。

那么，这个珀金斯到底牛在哪儿？按照我们通常的印象，编辑和作者的关系，说到头，也就是个伯乐和千里马的关系，作者负责出才华，把书写好，编辑负责出资源，把书卖好。但是，我们都知道，是金子总会发光的，好作者现在没被好编辑发现，将来总有人发现，这个关系中，最重要的仍然是作家。但是，读完这本书之后，我发现，事情远没有那么简单。假如没有珀金斯，很可能也就没有后来的这三位文学大师。

比如说我们中国读者都知道的海明威。

海明威有一句座右铭，叫"一个人能被摧毁，但不会被打败"。你看，多么典型的一个硬汉。但是，这个硬汉很多时候有点硬过头了。按今天的说法，就是重度的直男癌。重到什么程度呢？海明威的作品脏话特别多，"屎尿屁"这样的字眼在他早年的小说里基本贯穿全篇。而且他还有强烈的男权倾向，比如在《太阳照常升起》这本书里，他直接管一个女性角色叫"母狗"。这就导致没有一个编辑敢碰他的作品，怕犯众怒。

但是珀金斯不怕，他接手了海明威。除了苦口婆心地劝说之外，还得自己上手改。为了提醒自己，他还把海明威常用的脏话列了个清单，写在办公桌的日历上，同事看见的时候，都侧目而视，以为这家伙哪里出了问题，干吗在日历上写那么多脏话。所以，我们最终看到的海明威的作品才是今天这个样子。

尽管如此，海明威的《太阳照常升起》出版之后，还是让公众觉得很不舒服，遭到了很多谴责和抵制，大家觉得太低俗了。这本书在波士顿还被列为禁书。

那个时候可没有互联网，发个微博就能澄清了，珀金斯要一封信一封信，用各种话术回复读者和媒体的抗议，这个工作量之大，可想而知。

总之，看珀金斯和海明威打交道，感觉海明威就是一个控制不住自己的炸弹，酗酒、打架、骂脏话，所以，假如没有珀金斯像一堵墙一样挡在他面前，控制他的公众形象，我们今天的世界著名作家的名单里，可能就没有海明威这个人了。

另外一个著名的作家，《了不起的盖茨比》的作者，菲茨杰拉德。

菲茨杰拉德有才，这毋庸置疑。但是，他也有个致命的缺点，就是特别能花钱，每天都过着挥金如土的日子。但他要是有钱也行啊，菲茨杰拉德的问题是真没钱。

没钱咋办？借呗。自从第一本《人间天堂》开始，菲茨杰拉德就隔三岔五找他的出版人珀金斯张口，要预支自己的版税收入。往往一本书还没出版，版税就已经被透支光了，有时候还反过来欠出版社好几千美元。

菲茨杰拉德经常给珀金斯写信，一般是三段式的结构。第一段，说说最近的写作进展；第二段，哭穷，说你再不给我钱，我就要卖家具还债了；第三段，表示经过这次，一定痛改前非。最后署名的时候还不忘自黑一下，管自己叫"注定的乞丐"。字里行间改过自新的决心，诚恳至极。

每回收到这样的信，珀金斯二话不说，就去找出版社要钱，假如实在要不到，就自己掏腰包。

再看菲茨杰拉德这边，就是不长记性，一拿到钱就大手大脚地花。而且更要命的是，他还有个比他还能花钱的老婆。这两口子挥霍到什么程度？有一次珀金斯为了给他们省钱，帮他们在稍微偏僻一点的地方租了个大宅子。结果两人住进去之后一商量，既然已经有了大房子，为啥不把厨师、佣人、司机、园丁都配齐呢？然后，他俩就真这么干了，结果马上又陷入新一轮的财务危机。

所以，珀金斯不光是菲茨杰拉德的编辑，还是他的财务管家、心理咨询师、精神按摩师、婚姻调解员、职业规划师等等。为了让菲茨杰拉德坚持把长篇小说写完，珀金斯真是操碎了心。如果没有珀金斯，菲茨杰拉德顶多成为一个优秀的作者，而不会成为后来的文学巨匠。

至于另一个作者沃尔夫，中国读者知道得比较少，如果你有兴趣知道他和珀金斯的故事，还可以看一部电影，叫《天才捕手》。

别的我们不说了，就说一件，沃尔夫的代表作《天使，望故乡》，因为珀金斯修改得太多了，导致业内甚至有一种说法，《天使，望故乡》真正的作者其实是珀金斯，沃尔夫顶多算第二作者。

珀金斯的这本传记里充满了这种小故事。我自己一边读，一边脑子里蹦出一个词，就是"磨刀石"。

你可能会说，珀金斯这么厉害，他怎么自己不写。对，这恰恰是问题的关键。这个世界，拥有无穷创造力的，说到底还是那些天才，而不是珀金斯这样的人。但是，天才缺不了珀金斯这样的磨刀石。

他起到了两个作用。

第一，不断给天才反馈，用催、用逼、用苦口婆心，把他们那些不靠谱的毛刺儿修掉。让他们的行为模式，回到正常的社会轨道上来。至少社会的主流价值观能接受。

更重要的是第二点，他把天才的价值，嵌入到正常的社会结构里，找到他们的位置。这个过程，就是把创造性变成产品的过程。

有一个问题来了，现在还有珀金斯这样的人吗？实际上，美国出版业，也只有这一位珀金斯。那已经是半个多世纪之前的人物了。为什么后来没有了？因为社会网络化程度提高了，创造力变成产品的方式变了。

就拿现在来说，出版社的编辑往往盯在微博上、论坛上、微信公众号等等社交媒体上，看到有潜力的文章，就和作者联系。这些作者已经在微博和论坛证明了自己写作和吸引用户的能力。出版社只是一个识别器，不是他们的磨刀石了。这个产品他已经快做完了，出版社只是最后一道接力棒。

再比如说选演员，原来这一行也有类似于珀金斯这样的角色，叫"星探"。但是今天，人人在网上有展示自己的机会，才艺很容易被看见。星探也不是演员的磨刀石了。

那现在还有"磨刀石"吗？有。但是必须每一个人自己去找。一个产品，用户就是它的磨刀石。一个艺术家，市场就是他的磨刀石。一个创业者，对手就是他的磨刀石。

磨什么呢？珀金斯的一生，隔了半个多世纪还是能给我们启发。无非就是我们刚才说的那两点。

第一，把奇思妙想纳入到社会的主流轨道上来，成为社会结构的一部分；第二，把创造力变成产品，变成公共服务的一部分。这就是当年珀金斯为那些大作家做的事，也是今天我们要为自己做的事。

过短暂世俗的生活，就像面对千秋万代一样。再普通的人生，也能够打开无穷无尽的可能。

蒲松龄是一盏灯

做平凡的事，就像做一件了不起的事一样。

有一天作家贾行家问我，中国古代文学作品中，我最喜欢的是啥？我说是《聊斋》。

我跟他开玩笑讲，我的青春期教育是通过《聊斋》完成的。一个书生，夜宿荒斋，然后就来了个美貌的女子，然后就能成一段好事，开始一个传奇，这是一个不会追女生的大男孩最喜欢的故事类型了。现在看来，聊斋对我的影响，确实超出一般的书。

我通读过三次《聊斋》。第一次是大学一年级放寒假的时候，在南方的那个又潮湿又阴冷的冬天，我披着一件厚厚的棉大衣，缩在被窝里，读聊斋。读到兴奋的地方，披衣而起，绕屋转圈。那种经常被点燃的感觉，至今还有记忆。我是第一次那么完整地体会到文言文的魅力。我文言文的语感不错，至少有一半来自于读聊斋。

不过，这还不是我喜欢《聊斋》的根本原因。根本原因，是蒲松龄这个人。

蒲松龄，字留仙，山东淄川人。19岁第一次参加秀才考试，就得了县、府、道三个第一，名震半个山东。蒲松龄起点很好，才气又大，年纪又轻，按照常理，只要努力，博个功名，考个举人是没有问题的。但是，科举时代有一句话，叫"考场莫论文"，考场成败有时候跟文才没啥关系的，就是个运气。蒲松龄的运气就特别不好。此后的五十年，他一直被卡在秀才这个级别上。考了一辈子，颗粒无收。

蒲松龄一辈子的生计，基本上就是在一家大户人家当私塾先生，虽然谈不上有多穷困潦倒，但是日子过得非常紧巴。因为教书的地方离家也比较远，他虽然和妻子刘氏感情很好，一生也是聚少离多。就是这样的一个人写出了《聊斋》。

你可能会说，这个故事没有什么了不起啊。中国古代有才华的人，官场不得意这不是常态吗？杜甫有一句诗叫"文章憎命达"，有文才的人总是命运不好，这有什么稀奇的呢？

还是有点不一样。

其他的文人，即使在仕途上不顺利，但还是可以通过文学创作的成就来做自己的精神支柱。中国古代的文学，诗和文，才是正式的文体。写出一笔好诗文，虽然不见得能当官，但在民间还是非常受尊敬的。

李白诗名远播，连唐玄宗都要召见他。杜甫诗名远播，被四川的节度使严武关照，所以才有成都的杜甫草堂。就连柳永那样的人，填词高手，虽然词在文体上不登大雅之堂，但是皇帝也知道他，宋仁宗不还让他"且去填词"吗？就算官当不上，但是柳永在青楼妓院还是很受欢迎的。一个文人只要有现实成就感，只要还能听得到身边传来的掌声，一个人的精神支柱就还在。

但是蒲松龄不同。如果你读过一遍《聊斋》，你会被蒲松龄的用心震撼到，谋篇布局之巧妙，遣词用句之精当，再大的才子，也是要倾注毕生心血才能做到的。

你可以对比着看两本书，一本是清代大才子袁枚的《子不语》，还有一本是大才子纪晓岚的《阅微草堂笔记》，也都是写狐鬼神仙故事的。名气也很大。但是一对比看就知道，完全不在一个档次。

看聊斋的时候，经常会有一种吃惊的感觉，写小说，这种事，在当时看来这么不重要的事，但蒲松龄每次下笔，都有一种凛凛然的敬重。一字不苟且，一笔不草率。他心里的读者，一定不是当世的人。

蒲松龄对标的人不是写小说的、也不是写诗文的，他对标的是司马迁。很多小说最后的那一段，"异史氏曰"，也是借鉴司马迁的"太史公曰"。其实这两个人都以一人之力，创立了中国文化的一种文体，更重要的是，在创立的时候，都极其孤独，都是一个人，没有知音，一杆笔面对千秋万代，都花了一生的心血，都篇幅巨大，都是在写的时候不知道它能不能流传下去。但是他们都写了。

借用司马迁的那句话，"究天人之际、通古今之变，成一家之言"。要是不发这么大的愿，很难想象，蒲松龄能够坚持得下去。

如果对标到司马迁，就更能看得出蒲松龄的非同寻常。

司马迁写史记是孤愤之作，他被汉武帝施了宫刑之后，形同废人，一腔才情没处施展，全部扑到了写《史记》上面。

但是蒲松龄的一生，并不是面对这样的绝境。他的人生一直有很多可能性。科举这条路，他一辈子也没有彻底绝望。五十多岁的时候，他的妻子刘氏劝他，算了吧，别考了。他还问刘氏，难道你不想做夫人吗？现在有记录的，蒲松龄是考到了70多岁，一直考到了走不动路为止。

作为一个在乡间很受尊敬的读书人，蒲松龄对于社会事务也非常尽心。他写过《农桑经》传播农业知识，编过《药崇书》讲解医药养生，还编过《日用俗字》《婚嫁全书》，向村民普及文化。他平时还为老百姓写过很多状子，参加救灾救荒。到七十多岁时，还在上书检举告发贪官。

回看一下蒲松龄的一生，19岁春风得意，然后一路高开低走，从世俗的眼光看，他没有什么成就。如果换到一般人，心态早就崩掉了。但是蒲松龄没有，一直那么认真，每件事都认真，下笔的每一个字都认真。认真到就像他已经知道，这部《聊斋》在后世一定会光芒万丈一样。

我从十几岁开始读《聊斋》，蒲松龄一直是我的一盏灯。做平凡的事，就像做一件了不起的事一样。过短暂世俗的生活，就像面对千秋万代一样。再普通的人生，也能够打开无穷无尽的可能。

　　大学时候，有一次，我偶然读到蒲松龄的一句诗，当时就泪奔了。那是他生命的最后几年，恩爱了一辈子的妻子刘氏先他而去。他来到亡妻的墓前，"欲唤墓中人，班荆诉烦冤；百扣无一应，泪下如流泉。"我想喊你的名字，听到你的回答。我分开墓前的杂草坐下来，跟你说说心里的苦楚。但是我怎么敲你的墓碑，你也不回答，我的泪止不住地流下来。

　　那是我人生中第一次体会到什么叫天人相隔带来的巨大悲伤。也是第一次知道，一个人的一生，不只是这一世，你还可以超出自己的生命大限，向亲人、向后世，无论小声地倾诉，还是大声地呼喊。就算是对方听不见，你还是有了属于自己的深情的一生。

阅读——从经典到经验

阅读如此美好，任何功利心、虚荣心的杂质都是对它的玷污。

　　最近偶然读到刘瑜的一篇文章，叫《从经典到经验》，很具有颠覆性，把我心里早就有但是不会说、也不太敢说的话说了出来。这篇文章，有点像那个小孩喊了一句："国王什么都没有穿啊。"

　　我们先从"经典"两个字说起。最近几年，我们在做知识服务的过程中，经常会有人说："你那叫碎片化的知识，求知还是要读经典。"面对这种指责，我通常的回答只能是，我们做的知识服务虽然是碎片知识，但是当代人的时间就是碎片的，碎片时间不利用起来学习，难道用来打游戏、打麻将才是正当的吗？

　　你也听得出来，这种回答的背后，是我也认为读经典具有不由分说的正确性。之所以不读，是因为当代人的时间不够，碎片化学习只是权宜之计。

　　但是刘瑜这篇文章却说，与其读什么经典，不如回到经验。

什么意思？

估计你也翻开过一些所谓的经典著作，很多都晦涩难懂。比如我从大学时代就买了类似黑格尔的《精神现象学》、维特根斯坦的《逻辑哲学论》等等，坦白地说真是读不懂。多次翻开，基本翻不超过10页就合上了。但是这么多年，我从来没有怀疑过经典本身的价值，要怪就怪自己笨、水平差。

但是刘瑜讲了一句惊世骇俗的话："世上本没有经典，装得人多了，也就有了经典。"

刘瑜不是一般人，正宗的清华大学副教授，科班出身的知名政治学学者。这话要是我说的，那就要被黑惨了。但是一个正经学者说出这番话，至少值得我们认真听听她的理由吧？

刘瑜的意思是：经典之所以是经典，不应该是因为有多少人赞美过它，而是它真的能帮助你认识当下的世界与自己。如果它不能做到这一点，要么是我们的功力还不够，要么是它本身真的没什么。

承认这后一点，还是需要一点勇气的。

为什么有的经典，其实也没有那么好？大概有两个原因。

第一个原因是，时代不同了。一本书之所以被认为是经典，通常都是因为作者对他那个时代的某个问题做出了回答与思考，是有背景和上下文环境的。一旦失去了这个背景，理解起来当然就有困难。更重要的是，时过境迁之后，如果它针对的那个问题消失了，它的思想锐度自然也就减少了。

经典之所以成为经典，一定是因为它纵向地拓展了那个时代人类的认知边界。它可能是开一门学科的风气之先，可能打破了之前的普遍认知，也可能发明了一种可靠的方法。但是多年之后，它不见得还是最好的表达方式，更不可能是我们这个时代的人掌握一门知识的入门读物。比如，如果你想学习经典物理学，直接读牛顿当年的著作还不如读一本中学物理教科书来的精确、简洁和易懂。

还有一个原因，就是方法的进步。比如，在二战之前，基本上不存在大规模的民意调查、完整的宏观经济和社会数据、科学上严谨的统计技术，所以大多数经典的写作方式只能是从概念到概念，从推断到推断，从灵感到灵感。这种写作方式，往往能创造出很多很漂亮、很有启发性的理论框架，但是很难检验这些理论的有效性。

那么我们读书究竟是为了什么？如果说人类古圣先贤留下了那么多知识遗产，我都要继承，他们是一大桶水，我都想倒进我这只杯子里，这种精神当然好，但是恕我直言，没有一个人能够做到。

我倒是觉得，读书的目的是扩展自己认知的边界，这也是学术界最提倡的"问题意识"。也就是对一个事情的真相觉得好奇，心中有明确的问题，然后借助一切可能的工具去探究。这些工具包括书，也包括书中的经典。

就像刘瑜，她是研究政治学的。她说，如果关心西方民主是真民主还是假民主，过去她可能会去读卢梭、施密特等等大家的经典。但是现在她更倾向于去读有关议员投票记录和民意测验对比的研究、政治竞选捐款的来源比例研究、投票率和社会阶层关系的研究和议题媒体曝光度和总统的态度韧性研究。这些研究也许讨论的都是"小"问题，但是它们往往用一种有理有据、严格论证的方式来抵达那些"小"结论。这样做往往更有效，也就是所谓"从经典到经验"。

读不读经典，这是外界对你的评价。有没有搞清楚真正好奇的问题，那才是你自己的收获。

最后，还是引用刘瑜在那篇文章中的一句话来结尾——

"阅读如此美好，任何功利心、虚荣心的杂质都是对它的玷污。"

力量的来源

对力量来源的认知，决定了你能否抵达想要的世界。

　　同事给我推荐了几部科幻小说。不是刘慈欣，也不是阿西莫夫和凡尔纳，而是中国近代早期的科幻小说。

　　第一本叫作《月球殖民地》，1904年发表，作者叫"荒江钓叟"，是个笔名，真人是谁我是没查到。这本小说里出现了很多当时已经发明出来的现代科技，比如电灯、电话、铁路、照相术之类的。但是很有趣，一旦进入幻想的领域，你就好像是在读古代的神怪小说了。

　　比如，这个小说里最重要的交通工具——气球，被作者写得跟腾云驾雾的神通术一样。再比如，里面有一个名医开刀，给你的感觉就是《三国演义》里面的华佗，不是医术，而是仙术。但是不管怎么讲，这部小说还是被追认为中国第一部科幻小说。

　　其实这背后有一个演化脉络。科学来到中国，是1840年鸦片战争前后的事情，看到西方的科技，自然就能启发中国人的科学想象力。所以，真要追溯中国科幻小说的源头，其实还有更早的两本。

第一部是《八仙得道传》，出版在同治年间，也就是1856-1875年左右。那里面就讲到，雷公、电母还有一干神仙闲聊，说多年之后，电母要把电借给凡人来用，能千里传音，能令昼夜颠倒，这就是通信和电灯嘛。而且神仙们对这事儿看得很开，因为电又不是电母的私有财产，她只不过是有"管理之责，支配之权"而已。

要知道，那时候电报发明也没多少年，爱迪生改良电灯泡还是稍后的1880年的事。你看，这想法多现代。

还有一部小说，就更早了，是1847年左右俞万春写的《荡寇志》，写成的时候，鸦片战争结束也没几年。《荡寇志》其实是《水浒传》的一部"同人"作品，讲的是怎么干掉梁山一百零八将的故事，跟水浒传的意思正好相反。

有趣的是，里面战争的打法是很现代的。比如，故事里梁山来了个祖籍澳门的留学生白瓦尔罕，被宋江尊称为白军师，抢了吴用的饭碗，为梁山制造了一堆奇门武器。其中有门奔雷车，看描述相当于装甲战车，上面还装了"落匣连珠铳"，又像机关枪，又像火箭炮。还有一种"沉螺舟"，能够在水下航行，相当于现在的潜水艇。

白军师这么厉害，是怎么被小说主角们打败的呢？是一位精通机关之术的中国才女刘慧娘，这位慧娘善造"飞天神雷"，相当于迫击炮加霰弹炮。你看，是不是很科幻？

这就是中国最早的科幻小说。那它和西方科幻小说有什么区别呢？我们来对比一下。

公认的科幻小说之父，法国作家凡尔纳的作品《海底两万里》，这部小说幻想了潜水艇。

你看出这和中国最早科幻小说的区别没有？区别在于，力量的来源不同。

在凡尔纳的科幻小说里，真正的力量来源于知识，凭着这一点，一个人可以造出潜水艇，自由航行海底，与他眼中不正义的世界开战。

但在中国人的科幻小说里，真正的力量来源于人自身之外的东西，什么神仙、世外高人。作者所能希望的，不过是普通人能够得到这些力量的恩赐，来对抗这个世界上所有的邪恶和不公。

比如，在《月球殖民地》里，气球是一种神力产生的结果，它跟喜鹊为牛郎织女搭起来的鹊桥在本质上没有区别。在《八仙得道传》里，电是神仙世界本来就有的一种力量，电灯、电报这些发明本质上是神仙授权给人使用电的结果，它也跟人类的知识进步没有任何关系。

在《荡寇志》里，白军师和刘慧娘，他们的武器其实是经过一种"奇技淫巧"加工出来的，至于到底是怎么做出来的，内在的原理到底是什么，主角和作者都不关心。

其实也不只是科幻小说了，再比如说侦探小说，也呈现出这种差别。

西方的侦探小说，从《福尔摩斯》到阿加莎·克里斯蒂的作品，渐渐演化出一种"本格推理"的题材。也就是读者和作者是站在同一个平面上，拥有一样的线索，就看大家通过逻辑推理，谁能先发现犯罪的真凶。作者和读者是公平地用智力在较量。

而中国的侦探小说，像什么《包公案》《彭公案》《施公案》等等，虽然也有智力推理的成分，但是往往一到紧要关头，就要靠点什么江湖大侠、神魔妖怪来推进情节了。力量的来源，不是人本身。

这就是观念底层的差别。那个时代中国人的科学思维和逻辑思维水平，我们不能苛责，但是这也说明一个问题——我们经常误以为，世界是力量组成的，所以拥有力量是根本。

但实际上，对力量来源的认知，决定了你能否抵达想要的世界，力量来源比力量本身重要。

别觉得这是老生常谈，我们观察世界上的力量，经常会犯这样的错误。

比如说商业，人人都想致富，但是不见得人人都理解商业的力量源头。到今天为止，很多人仍然认为，商业力量的来源是资本，或者是一个企业老板的智力、能力和魅力，总之是各种资源吧。看看那些财经小说和商战电视剧就知道了，他们话里话外都是这个意思。

但是，这不是商业力量的真正源头。真正的源头是啥？

是协作。一个企业的成功，不是因为它自己多厉害，而是有多少人和机构是它的同盟军，有多少人期待它的成功。

比如苹果公司，遍布全世界的喜欢苹果产品的用户，和它非常强大的供应商体系，才是它的力量基础。

再比如说，我们"得到"App，我经常讲，这个产品成功的标志不是销售额有多大、公司的估值有多高，而是这个时代最优质的知识服务者，是不是这家公司的同盟，这个时代最上进的人是不是这个产品的用户。这才是力量的根本。

上面这两个不同的理解，决定了我们对于商业的看法有根本不同。

如果商业的力量来自于某种资源，那么越成功的公司就越是在打败其他人，就越是在巧取豪夺。

但是，如果你理解商业的力量是来自于有效地组织协作，那商人和社会的关系，就是良性互动的。我们就会对商人有一份敬重，对他们的财富有一份理解，商业文明的建设也才可能真正起步。

还是回到科幻小说的话题。告诉你一个分辨好科幻和坏科幻的标准，如果它主要是在幻想一种强大的力量，不管想象有多新奇，都不是最好的科幻小说。如果是在一个新的力量基础上，作者有能力想象人性、制度、文明的演化和博弈，那一定是值得一看的科幻小说。

故事是最符合人类心智的沟通方法

故事本质上并不是一种娱乐，它是人类给自己打造的第一个武器。

有一本畅销书，尤瓦尔·赫拉利的《今日简史》，引起过很多关注。在尤瓦尔·赫拉利的思想当中，有一个很根本的认知：人类文明的基础是啥？他的回答是：我们这个物种的虚构能力，说白了就是讲故事的能力。宗教是故事、民族是故事、商业是故事、公司是故事，有关人类文明的一切，底层都是故事。

这个角度，乍听起来有点反常识。但是一深想，你会发现非常有解释力。

我比较深刻地理解这个角度，还是从我有孩子之后。我发现，孩子认知世界，一开始用的就不是对所谓真实世界的把握，而是通过一连串的故事。比如，我家孩子，我劝她们去刷牙，可难了，最有效的方式不是讲道理，什么"牙齿美白好看""牙齿健康""没有蛀牙"，这都没有用。

我们家的方法，是给她们买那种印有小白兔图案的牙刷，然后告诉她们，再不去刷牙，天就黑了，小白兔的妈妈就要接它们回家，你就见不着了。你看，人生是从一脑子的虚构开始的，然后用这些虚构的东西再去把握真实世界。

有本书叫《故事经济学》。书的作者很厉害，是好莱坞的编剧教父罗伯特·麦基。既然是编剧，他当然是会讲故事的。而麦基在故事中，又是对所有的概念研究最深入的。这本书不仅是告诉你，故事对人类有强大的说服力，更关键的是，麦基一路向前追溯，一直追溯到人类的进化史。通过这么广大的尺度，来探索故事的本质。这本书算是给出了"故事为什么强大"这个问题的终极答案。

麦基认为，故事之所以能够打动人，跟讲故事的人技巧有多高关系不是那么大，这是人类几百万年的进化已经决定的一个机制，故事是最符合人类心智的沟通方法，是人类从远古时期就必备的生存工具。弄清这一点，你就明白为什么说故事才是最有效的广告手段，直到今天还是，未来也是。为什么说人类一切文明成果的基础都是故事。

故事的起源，其实要追溯到人类进化史上的一次重大基因突变。那是大概两三百万年前的事，人类的大脑，中央神经系统突然高速增长。这个速度有多快呢？大概每两三千年，能长出一毫升的脑灰质和脑白质。脑灰质就是脑细胞，脑白质大概就是神经纤维。通俗地说，就是大概两三百万年前人类开始长脑子了。

长脑子这个事，其实并不符合当时人类这个物种的利益，因为大脑的能耗太高了，在食物资源很匮乏的情况下，供养这么一个耗能大户，能有啥好处呢？对于简单的生存，也就是捕猎和躲避天敌来说，并没有什么明显的好处。所以，长脑子这件事，一定是后来创造出了一个意外的收获，才会让这个基因突变能够持续下去。

什么意外收获呢？这么多当时没有什么具体用处的脑细胞，突然涌现出了一个概念，概念就是"我"。

你可能会说，"我"这个概念有什么了不起？难道动物没有"我"的概念吗？这个真没有。

其他动物，只会对环境做出反馈，它们没有能力反观自身。因为每个生命都活在自己的身体里，身体对它们来说是一个当然的存在。就像鱼的世界里，不会有水的概念一样，生命的世界里本来也不应该有"我"这个概念。

而人类这些突然爆发增长的脑细胞，闲着也是闲着，也没啥事干，居然很逆天地开始审视自己，就是跳出自己的身体反过来看自己一眼，这就出现了反思，才有了"我"这个概念。

这个现象听起来有点抽象，假如用专业进化心理学来解释，恐怕要用上很大的篇幅。这里我只能举个例子，当你做梦的时候，你有没有这种感觉，你好像会成为一个能感知到自我的观众，看着自己在梦中表演，这种感觉很微妙，好像你自己既是演员，又是观众。这种奇妙的感觉，就是你感知到自我的感觉。

养过孩子的朋友都知道，人类的婴儿得长到两到三岁，才开始有清晰的自我意识，才知道怎么用"我"这个词，"我"这个概念是慢慢发展出来的。

你可以把"我"这个概念理解成一场小型的精神分裂，把人类的思想一分为二，一个是外在自我，一个是核心自我。外在自我是所有事件的参与者，依靠生存的本能觅食、捕猎、交配，而核心自我的职责就是观察这个外在自我。比如你办了一件事，失误了，你就会责怪自己说，你这个傻瓜。这就是你的核心自我在责怪那个外在自我。

我们还是回到进化过程中。对于早期的人类来说，有了我，这种自我审视能力会带来什么呢？刚开始一点好处也没有，带来的只是无尽的恐惧。

因为"我"的概念一出现，人类就开始能把周边同类的命运和自己的命运连起来理解了。我们通过理解别人来反思自己。

其他任何一种动物都不可能产生类似的感知，比如猪圈里待宰的猪，其实猪的智力并不低，它们眼看着同类一个个被宰杀，但任何一只猪都不会觉得，有一天这会轮到我，因为在它们的意识里，根本没有"我"这个概念，它们不会对自己的存在有感知。别的猪被杀，那是环境中发生的一件事而已。这事跟我有什么关系？它们不会联想到自己。

但是人类不同，眼看着同类生病、伤痛、死去，他很快就会意识到，总有一天会轮到自己，我们就有了同理心。面对外在的自然，打雷、下雨、洪水、地震、大火，他们也不会孤立地把这看成外在环境的一次变化，他们会想，将来我要是再遇到这么可怕的东西怎么办？这个可怕的东西背后到底是什么东西？这一切都既恐怖又神秘。

你想想我们这些老祖先，他们那么恐惧，拿什么安慰他，拿什么来解决这种恐惧？当然就是给自己编故事嘛。

电闪雷鸣，背后是什么神灵。生病遭灾，背后是什么鬼怪。人死之后，会到一个什么新的世界等等。

那么故事的本质是什么？因为出现了自我意识，有了"我"这个概念，这就像当年的互联网刚被发明的时候，当第一个节点出现了，它就一定要渴望链接到其他节点。链接到他人、链接到未来、链接到生前死后、链接到观察到的一切事物。所有这些链接，都是虚构的故事。这张最原始的互联网越来越大，人类就有了集体行动的可能，有了复杂协作的机制。整个人类的力量，都是这么一点点发展起来的。

到了近几千年，人类对自己才有了另外一番认识，我们觉得自己的本质是理性。我们总是想靠理性来说服他人，来把握世界。但是有一种人从来都不信理性，他们一直是靠故事来说服他人。谁啊？做广告的啊。

古时候，我们相信求神拜佛，就会风调雨顺。今天我们看广告，还是会相信，用了这个牌子的化妆品就会变美，喝了这个牌子的饮料就会精力充沛，就会很酷。一个简单的，不需要理性来证明的直接虚构的链接往往最有说服力。这就是故事。

现在看来，也许这帮做广告的人他们才是对的。故事的本质并不仅仅是一种娱乐，它是人类给自己打造的第一个武器，也是永远不会失效的武器。因为漫长的进化历程，已经将人脑塑造成一部故事机器。到什么时候，故事都是最符合人类心智的沟通方法。

人性不变，我们心灵中柔软的、容易被触动的地方就不会变。

如果你真的主张什么，要什么，那就把它的魅力，呈现给所有人看，看到足够多的细节。这就够了。这才是真主张。

第 **2** 章

诗词

《江雪》：隔绝外物、独享美好

人性不变，我们心灵中那些柔软的、容易被触动的地方就不会变。在十几个字、几十个字的篇幅里，就可以体味吟赏古往今来人类最美好的情感，这是我们中华文化中的人独享的福分。

我们来试着解决一个棘手的问题：为什么我们今天还要读古诗词？

你可能会说，这还不简单，因为古典诗词很美。对，可是你发现没有，古典诗词的美我们越来越难欣赏。造成这个现象，至少有两个原因。

首先是音韵的变化。很多古诗的读音和我们今天的普通话已经有很大的不同。比如说，苏东坡那首著名的《念奴娇·赤壁怀古》："大江东去，浪淘尽，千古风流人物。故垒西边，人道是，三国周郎赤壁。乱石穿空，惊涛拍岸，卷起千堆雪。江山如画，一时多少豪杰。"你听，句子是很美，但是几乎没有押韵。我们念起来，跟散文差不多。因为这首词用的是入声字做韵脚的，今天的普通话没有入声字，已经读不出来韵律了。

还记得上大学的时候，我们隔壁班中文系的北方同学，因为北方方言没有入声字，所以要痛苦地背诵入声字表，我们这些南方同学看见了就笑话他们。因为南方方言中，几乎完整地保存了入声字的读音。很多用入声字押韵的古诗词，用我们家乡话念起来，韵味就出来了。而北方同学就没有这个福分。

音韵变化，不仅是押韵的问题，对诗意本身也有影响。比如，王维的那首著名的《观猎》里的两句诗"风劲角弓鸣，将军猎渭城"，用普通话念下来，你会觉得就那么回事。但如果用粤语念一遍，感觉完全不同了。在粤语发音中，这十个字里有四个字是g打头的舌根音，七个字是ng韵母，这叫舌根浊鼻音。在广东话中你是不是感受到了那种强劲的风声和打猎时候拉弓放箭的声音？但是，一旦回到普通话，这个意境就没有了。

还有一点变化，也让我们今天欣赏诗词的能力下降了，就是古代诗人写作时的很多情境，今天已经没有了。比如，送别诗，这是古诗当中的一大类，围绕送别这个情境，中国人发展出了一个非常复杂的符号系统。比如，古诗中一提到杨柳的"柳"，通常都和送别有关，因为"柳"的发音和留下来的"留"近似。

金陵酒肆留别

李白

风吹柳花满店香，

吴姬压酒唤客尝。

金陵子弟来相送，

欲行不行各尽觞。

淮上与友人别

郑谷

扬子江头杨柳春，

杨花愁杀渡江人。

数声风笛离亭晚，

君向潇湘我向秦。

可是今天一看，别说柳树了，就是送别这个场景也快没有了。19世纪的欧洲文学里还经常有火车站"月台送别"的场景，这叫月台文学，也是因为那是生离死别的地方，情感张力特别大。但是今天坐高铁连站台票都不卖了，因为没有必要了。你上了火车，两个人还是想念，接着微信里聊啊。

对于我们这一代人来说，人不再分成眼前的人和离别的人，而是分成通信录里的人和不认识的人。除了异地恋的恋人和空巢老人，离别这种情感，几乎已经从当代人的词典里删掉了。

由此你想，古诗当中的一大部分，不仅送别诗，连怀远诗这类想念远方的人的诗也没有情感基础了。"独在异乡为异客，每逢佳节倍思亲""今夜鄜州月，闺中只独看。遥怜小儿女，未解忆长安。香雾云鬟湿，清辉玉臂寒。何时倚虚幌，双照泪痕干"，欣赏这些诗歌的情感基础会不会被抽空呢？

那倒也不会。因为文学的作用，本身就不是让我们了解那些熟悉的东西，而是让我们体验那些不熟悉的东西，这样诗词才能丰富我们的体验，扩展我们的生命。所以这些场景即使消失了，但是它们对应的生命体验不会消失。

何谓生命体验不会消失？我们来举个例子。著名的送别诗：

送元二使安西

王维

渭城朝雨浥轻尘，

客舍青青柳色新。

劝君更尽一杯酒，

西出阳关无故人。

这种送别，尤其送别还要摆酒的场景今天不存在了。但是你读这首诗，真的只有送别吗？

整首诗的关键在这个"更"字，劝君更进一杯酒。这分明是这场送别酒，已经喝到最后阶段了。其他劝酒的词，已经说完了，这才拿出了最后一个理由，你再喝上一杯吧，因为西出阳关无故人。

那奇怪了，既然有这个"更"字，前面几杯酒的劝酒词是什么呢？其实就是这首诗的前两句嘛。

我们还原一下这个诗意：来，我先敬你第一杯，因为"渭城朝雨浥轻尘"，早上刚刚下过雨，空气多清新。来，我再敬你第二杯，因为"客舍青青柳色新"，此情此景，将来多值得怀念。就这么一直喝到无话可说，不得不分别了，这才奉上最后一杯酒，"劝君更尽一杯酒，西出阳关无故人"。

体会一下这种话语的节奏感，前两句劝酒词藏在了写景的句子里。然后，更进一杯酒，那种分别的无奈，那种不忍说出口但是最后又不得不说出口的话，西出阳关无故人，最后还是脱口而出了。整首诗这样排布，力道才足。

我们今天即使没有送别这种情景，送别也不摆酒了，但是这种教科书级别的对语言节奏感的把握，只要人性不变，我们对这种高妙节奏感的感受力就不会下降。这就是我们今天还要读这首诗的原因。

这样的例子再举一个。也是著名的诗：

江雪

柳宗元

千山鸟飞绝，

万径人踪灭。

孤舟蓑笠翁，

独钓寒江雪。

这首诗，根本就不是写景诗，因为万径人踪灭，这个场景是没有观察者的，只有"孤舟蓑笠翁"。这是所谓的"造境之诗"，是诗人凭空造出来的一个情境，绝不是写实的写景。

如果非要说场景熟悉我们才能欣赏得了诗词，那《江雪》这首诗，古人也欣赏不了，因为压根就没有人亲眼见过这个情境啊。

自古至今，那么多人觉得这首诗好，他们从这首诗里得到了什么？我觉得，是一种独享权，独自享受美好东西的权力。

千山鸟飞绝，把天上的事物隔绝开来；万径人踪灭，把人间的事物隔绝开来；孤舟，把此地的同类隔绝开来；蓑笠，人在蓑笠之中，把外界环境也干脆隔绝了。这还不够，还要加上一场雪，还要有一场寒，把可能的纷扰也隔绝开来。所有这些词，都是为了隔绝外物的，把这些词都拿走了，就剩两个字，"独钓"——一个老翁，不着急，专注于此刻的目标。

我自己干活干到所谓有心流的时候，也就是浑然忘我、完全沉浸在此刻创造的愉悦的时候，最容易蹦到脑子里的诗就是这首《江雪》。

欣赏这首诗不需要江，也不需要雪，只要我在隔绝外物、独享美好的时刻，这首诗就是为我写的。

人性不变，我们心灵中那些柔软的、容易被触动的地方就不会变。在十几个字、几十个字的篇幅里，就可以体味吟赏古往今来人类最美好的情感，这是我们中华文化中的人独享的福分。

为什么是陶渊明

陶渊明的隐居生活，不是建立在反抗什么的基础上，而是建立在喜欢什么，因此他就乐在其中。

咱们来聊聊陶渊明这个人。

中国人历来对陶渊明的评价都很高。比如，现代美学家朱光潜说："可以和陶渊明比拟的，前只有屈原，后只有杜甫。"你看，连李白也没资格。宋代的苏东坡就说得更过分了。他说，陶渊明这个人，李白杜甫也比不上："李杜诸人莫及。"你看，杜甫也没资格了。

不过，这个事也可以深究一下。我们平常都说，文无第一，武无第二，那凭什么陶渊明的诗就那么好呢？标准谁定的呢？

最近我读了一本书，《尘几录》。听完后，我对这个事有了新的理解。

原来，陶渊明的诗，并不是一直都有这么高的地位，是到了特定年代，特定读者才把他的地位捧到这么高的。这是让我吃惊的地方。

陶渊明身后，南北朝时出现了两部文论经典，一个是《诗品》，一个是《文心雕龙》。《文心雕龙》对陶渊明只字未提，而《诗品》倒是提了一笔，但只把陶渊明诗列为"中品"，评价一般般，就是良，而不是优。这个成绩不算好学生。

到了唐代，陶渊明也仅仅是六朝众多的著名诗人之一。说到田园诗，谁更受欢迎呢？不是陶渊明，而是谢灵运，而且谢灵运是压倒性胜利。李白是谢灵运的铁粉丝。直到杜甫出现，才把陶渊明和谢灵运并称为"陶谢"。

陶渊明的地位，是什么时候变得那么高的？是宋代。宋代有了印刷术，很多原来流传的文本都需要校勘之后再出版，所以宋代的知识分子就有了一项隐性的权力，就是在众多流传的版本中选自己喜欢的版本，甚至有的字句，还自己出手改。从某种程度上说，陶渊明的很多好诗，其实就是被宋代的知识分子这么选出来，甚至是改出来的。

比如陶渊明最著名的那句诗："采菊东篱下，悠然见南山"。这句诗流传到宋代的时候，其实有两个流行版本，一个是"悠然望南山"，另一个是"悠然见南山"，时隔久远，大家也不知道哪个是正确的，哪个是陶渊明当时的版本。

这时候大文豪苏东坡就说了，一定是"见"字，而不是"望"字。为什么？因为"见"是个通假字，有两层意思：一层是"看见"的"见"，还有一层是"出现"的"现"。比如"风吹草低见牛羊"。

用这个"见"字的好处在于，陶渊明采菊之时，南山不经意出现在视线中。一座真实的高峰，与一座精神的高峰，两者不期而遇了。"见"字才符合陶渊明的境界。而"望南山"呢？意境就差点意思了，我抬头一望，望见了而已。哪有什么诗意？

苏东坡在这个过程中，难道仅仅是一个断官司的人吗？其实，他也参与了创作。我们今天看到的陶渊明的诗就是这么一点点地改出来的。改着改着，诗越来越好，陶渊明的地位也越来越高。

那下一个问题就来了，为什么宋代的人，愿意改陶渊明的诗呢？换句话说，陶渊明一定做对了一件什么事，才让后人愿意在他的诗句上下功夫，施展才华，选、删、改、创作、推广、流传。

陶渊明之所以被高度评价，还是有陶渊明自己的原因的，只不过，不一定纯粹是文学上的原因。所谓"功夫在诗外"嘛。那这个原因是什么呢？陶渊明做对了什么呢？

我们提起陶渊明，脑子里往往会蹦出来一个词——"隐士"，什么"不愿为五斗米折腰""归去来兮辞""田园将芜胡不归"等等，都强化了他隐士的这个人设。他不愿意当官，愿意归隐田园，这是对中国古代知识分子特别有吸引力的一个行为方式。陶渊明就是因为成了这种行为方式的代表人物才被后世认可的。

但是问题又来了。既然您是隐士，您倒是隐啊，所谓"苟全性命于乱世，不求闻达于诸侯"嘛。既然不图那些虚名，不要世俗的成功，不愿意被人知道，你写那么多诗被人看到，这是在干啥呢？

要知道，那个时代，没有微博、朋友圈，没有印刷术，一个诗人要想大规模保留自己的诗作，那是很难的。陶渊明保存至今的诗文还有七卷之多，文体还很全。什么四言诗、五言诗、辞赋、记、传、述、赞、疏、祭文。如果不是自己刻意地保存、传扬，是绝不可能的。您又不是什么达官显贵，您是个隐士。那陶渊明有那么多东西保存下来，是刻意的，那他还是个真正意义上的隐士吗？

陶渊明有一个叔叔叫陶淡，一生未婚，住在山里，养鹿为伴。如果有人来看他，他就要躲起来。除此之外，我们对他就一无所知了。陶淡才更像个隐士。那个时代的很多真隐士都是这样的。

我提出这个问题，不是在质疑陶渊明归隐田园的诚意。事实上他就是这样过了一辈子，他就是一位真诚的隐士。而是在说，人应该怎样表达一种主张。

很多人选择隐士这种生活方式，其实是对世俗生活方式的反抗。他们内心有句潜台词："你们挣钱，你们当官，你们做违心的事，你们拍马屁，你们惶惶不可终日。我偏不。所以我归隐田园。"这是很多隐士的内心戏。所以，他们的行动方式，就是我躲起来，我默默无闻，我跟谁都不打交道，来确立自己的存在感。

但问题是，这样的隐士确实是真隐士。但他们真的摆脱了世俗吗？其实并没有，他们只是在以反抗的方式生活在世俗当中而已。

明白了这个道理，再来看陶渊明是怎么做的。

他不是在反抗什么，他是真的沉浸在隐居的田园生活中。你看他的那句话说得好，"田园将芜胡不归"。我家的田园要荒芜了，我要种地。我要回去。他不是在反抗什么。他是奔着一个自己的目标。

归隐之后，他通过诗文，把自己归隐后的生活像拍纪录片一样拍出来。他的归隐没在深山老林里，而是离人们不远，"结庐在人境，而无车马喧""方宅十余亩，草屋八九间"。平常干什么呢？不怎么开门，就自己安静待着，"白日掩柴扉，虚室绝尘想。"偶尔碰上人了，聊几句，也都是农事："相见无杂言，但道桑麻长。"陶渊明还晒娃，他四十几岁的时候写了一首诗，诗中就是数落自己的儿子，说老大十六岁了，一点都不爱学习；老二十五，没人比他更懒了；老三老四也十三了，连六和七都分不清；老五九岁，完全是个吃货，除了吃什么都不顾。这样的题材，他也往诗里写。和我们今天在朋友圈晒娃的心情，没什么区别。

还有，他有首诗叫《乞食》，就是要东西吃。"饥来驱我去，不知竟何之"，饿得发慌，不知道上哪去。然后走到了一位朋友家门口，"叩门拙言辞"，很纠结，吞吞吐吐。但这位主人很好，一下就明白了他的来意，给他好吃好喝。随后呢，他如释重负，"谈谐终日夕"，也不再拙于言辞了，口齿也伶俐了。就这么可爱的一个人。

这样的陶渊明，我们才能说他真的喜欢归隐的生活。即使生活不怎么样，再不如意，他居然能够通过写诗，把它们记录下来，把情绪排遣出来。而在历史上这么做的隐士，陶渊明是第一位，也是做得最好的一位。

说到这儿，可以回答一开始提出的那个问题了：为什么是陶渊明，被后世那么高度评价？被宋代人反复美化、传扬他的文章？

因为陶渊明的隐居生活，不是建立在反抗什么的基础上，而是建立在喜欢什么，因此他就乐在其中。

这是一个很重要的提醒。

有人喜欢通过激烈地反抗什么、咒骂什么、批判什么来陈述一个主张，这样的主张不管他说得多有道理，他其实并没有什么主张，他只是用一种自己也很不舒服的姿势，生活在自己反对的东西里而已。

这时候陶渊明告诉我们，如果你真的主张什么，要什么，那就把它的魅力，呈现给所有人看。看到足够多的细节。这就够了。这才是真主张。

一首诗能达到什么样的境界

诗歌最神奇的地方，不是描写这个世界，而是创造一个世界。

一首诗能达到什么样的境界？

拿一首大家耳熟能详的诗来举例子，张继的《枫桥夜泊》。

"月落乌啼霜满天，江枫渔火对愁眠。姑苏城外寒山寺，夜半钟声到客船。"

这首诗意思非常明白，用不着我再解释。

"月落乌啼霜满天"，这是暗；"江枫渔火对愁眠"，这是明。"月落乌啼霜满天"，这是动；"江枫渔火对愁眠"，这是静。这个张力已经非常足。但是还不止于此。

"霜满天"，你不觉得奇怪吗？霜是凝结的，又不是雪，怎么会是满天呢？对，这里写的不是霜，而是那种寒气逼人的感受，所以才叫"霜满天"。所以，第一句看似是写景，其实不是写景。因为"霜满天"这种不合常理的修辞手法，其实已经把人的感受带进去了，这里面已经让你感觉有人了。

紧接着第二句，继续推进。因为有人，有感受，这种感受缓缓苏醒、逐渐落实："江枫渔火对愁眠"，江边的枫树和渔船的微光，和我这个有愁思的人相伴而眠。这两句里面就有一种暗藏的、演进的张力，就是人的感受的觉醒。那种原先若有若无的感受，被周边的这些物象，"月落""乌啼""江枫""渔火"，渐渐地落实，原来睡在梦乡中只是感觉寒冷，一醒之后才知道是人的愁绪。这也是一种张力。

还有一种张力。这个物象的排布，是从大到小的。"月落"，极大，这是宇宙级的现象。"乌啼"，乌鸦鸣叫在寒霜中，这是天空中现象。"江枫"，江边的枫树，这已经到了地上了。再一收，"渔火"，那星星点点的一点亮光，更小了。最后三个字，"对愁眠"，一个发愁睡不着的人，这个空间尺度更小，小到一个被窝那么大。所以，这个张力是一个由大到小、逐渐收缩的过程。

这两句铺叙完成，然后，寺院的一声钟声突然来到，"姑苏城外寒山寺，夜半钟声到客船"。这钟声悠扬当中，当下的极小的一点寒冷孤寂，突然催发成了弥漫时空的身世感怀。整个诗的意境，完全被催发出来。这种逐渐收到极小，然后借着一个外力，突然放到极大的手法，像不像用诗意放了一次焰火？

这首诗这么好，所以传得也远。我少年时，第一次去寒山寺，发现身边有许多日本人，这才知道，原来这首诗在日本也是家喻户晓。

但是，这都不是今天我要说的重点，我要说的是，什么叫作"一诗一世界"。

首先来看这首诗的作者张继。张继这个人的生平事迹什么样？两个字，不详，生卒年月，家世如何，不知道。如果不是这首《枫桥夜泊》，他可能就永远埋没在历史的尘埃里面了。这样的人，在诗歌的世界里很多。比如那首号称"孤篇冠全唐"的《春江花月夜》的作者，张若虚，也是各种不详。一个人的生命，是靠一首诗来传世的。

再来看，这首诗历来的一些解释很有意思。有人说，这月亮都落下去了，乌鸦不都睡着了吗？怎么还在叫？所以，这"乌啼"，是一座山，叫乌啼山，在寒山寺附近；再来，"对愁眠"，这"江枫渔火"怎么能"对愁眠"呢？一个是植物，一个是火光，这怎么对啊？不符合句法啊。可见，这"愁眠"，也一定是个实物，有人就说寒山寺对面的山，就叫愁眠山。否则字义解释不通啊。

这都是不懂诗的人的说法。他们不理解，就算你考证得再严密，就算寒山寺边真有乌啼山，真有愁眠山，那也不是先有山，再有诗，而是先有诗，再有山。是因为这首诗，开辟了一个世界，这个世界才因此命名。

我们都听说过一个词，叫"现实扭曲力场"，是说苹果公司创始人乔布斯的。跟他打交道，他有一项本事，能够把活生生硬邦邦的现实给扭曲了，变成他想给你看到的样子。其实，在诗歌的世界里，这一点也不神奇。二十几个字，让一个不知名的诗人张继名留青史，让千年之后的外邦人赶来凭吊，让寒山寺周围的物象因此命名。就连寒山寺本身，其实这也不是它正式名称。它的正式名称是"普明禅院"，或者是"枫桥寺"，但是那又怎样？诗歌的力量一旦播撒开来，没有任何力量可以对抗，现在我们只知道"寒山寺"。

所以，诗歌最神奇的地方，不是描写这个世界，而是创造一个世界。

关于《枫桥夜泊》这首诗，还有一场有趣的官司。北宋的大文豪欧阳修看了这首诗说，句子倒是好句子，就是有个破绽，"夜半钟声到客船"，哪有寺庙半夜三更敲钟的？对啊。和尚也要睡觉啊，就算和尚不睡，半夜敲钟，也不怕扰民吗？不合常理。

因为提这个问题的是欧阳修，大家就格外重视，真就有人费心去考证——你看，唐代这个诗人的句子里有夜半钟声，那个诗人的句子里也有夜半钟声，你欧阳修是少见多怪了。

其实，无论是跟张继较劲儿的欧阳修，还是跟欧阳修较劲儿的后来人，他们都误解了诗的世界。诗的本事不是描写，而是创造。"夜半钟声"再不合理，诗要是好了、成了，以后的寺院，夜半就得敲钟，这就是现实扭曲立场。现在的寒山寺，新年夜敲个钟，可贵了，还电视直播呢。那么以前有没有人敲钟还重要吗？

有一次我和张泉灵聊天。她说到王维的那首诗，《鸟鸣涧》："人闲桂花落，夜静春山空。月出惊山鸟，时鸣春涧中。"美吧？但是你要是非要挑毛病，你会说，这不是春山空吗？春天怎么会有桂花呢?

就这一问,可把那些给诗写注释的人忙坏了。找来找去,跑回来报告说,没毛病,确实有一种花叫"春桂",春天开花的呀。对。确实有,那种花学名叫"山矾花","春桂"是它的俗名之一。那这个问题解决了吗?即使解决了,但是对诗的伤害更大。为啥?

你再琢磨琢磨王维的这首《鸟鸣涧》:"人闲桂花落,夜静春山空,月出惊山鸟,时鸣春涧中。"这首诗所有的张力,都在于春山的那个安静和鸟的鸣叫之间的对比。每一个字都是在拉伸这个张力的。静到了月亮出来都能把山鸟惊到的程度。

理解到这一层,你就明白了,为什么要说桂花,因为桂花是常见花当中,花型最小的啊。桂花落,就是因为它的花瓣极小极小,落在地上没有声音啊,这是在衬托那个静。如果你非要把这里的桂花解释为春桂,也就是山矾花,那我告诉你,山矾花的花型至少要比桂花大4倍以上。这首诗在事实上的破绽补上了,但是极言桂花之小、落地之静,那种诗意就被破坏了,请问你要哪种结果呢?

有一次,我自己春天住在山里,感受到了《鸟鸣涧》一样的意境,虽然我知道,这个时候没有桂花,但我明白,这个时候,桂花分明就在。因为我心里念过王维的这首诗。

读诗,千万别和诗人较劲。诗人和我们不见得在一个世界里。

当你在挑他的破绽的时候,他根本没空搭理你,他在创造他自己的世界。

一首好诗就是一处桃花源，你在里面可以住上好几年，不知有汉，无论魏晋，不足与外人道也。

一首好诗，就是一处桃花源

在一个中国文人的世界里，世界万物都被符号化，所有的符号都有无穷的意义纵深，每一层意义纵深，都被拿来和其他意义杂交，编织在一起，形成新的意义。这在中国古典诗词里就称之为典故。

诗歌可以创造一个世界，我们把这个逻辑再往前推一步，你想过没有，诗歌本身就是个世界？

在中国诗歌中，有一个奇怪的现象：一首诗，它到底是什么意思，主题是什么，谁也说不清楚，吵了上千年也没个结果，但是它就是一首很有名的诗。最典型的代表，就是李商隐的《锦瑟》。

历来说李商隐的人，对这首诗总是津津乐道，但是只要追问它的主题，就只能是一通瞎猜。我上大学的时候，我们古典文学的老师就说，别猜了，猜对了李商隐也不能活过来对你点头说yes，恭喜你答对了。这种诗，你就吟诵，感受它的音韵之美就好了。当时我听到这个言论，内心真的是崩溃的。

"锦瑟无端五十弦，一弦一柱思华年。庄生晓梦迷蝴蝶，望帝春心托杜鹃。沧海月明珠有泪，蓝田日暖玉生烟。此情可待成追忆，只是当时已惘然。"

多美。这就够了。

其实李商隐还有十几首无题诗，也是这样。我们都知道的那首"相见时难别亦难，东风无力百花残。春蚕到死丝方尽，蜡炬成灰泪始干。"就是无题中的一首。也是音韵美妙，但是不知所云。其实也不只是李商隐，杜甫的著名的《秋兴八首》也有点这个意思，意义并不那么明朗，但仍然是千古绝唱。

但是，现在回想起来，我们老师当年那句话还是说得不确切。名作的主题不明确现象的确存在，但绝不仅仅是因为诗音韵美好，还因为它是一个符号网络。我们就来解释一下。

这就要说到中国文化的特殊性了。

其他文化的语言文字基本都是一体化的，就是说，文字是从属于语音的。文字的作用只是为了把语音记录下来。但是中国的文字不同。商代的那些甲骨文，它出现的根本目的不是为了记录语言，从它诞生的时候就是一套带有神秘性质的符号系统。

此后，中国文化的发展，文字和语音是两套独立的系统。开始，不是所有的语音都有文字可以记录。反过来一样，不是所有的文字，都有对应的语音。

我记得有很多这样的甲骨文。其中有一个字，意思是"一个女人出门被毒虫给咬死了"，这么一组意思只是一个字。这个字，当然就没有对应的语音。这样的字，后来消失了，但是类似的文化现象，在中国一直都有。

比如，你见过那个把"招财进宝"四个字组合成的一个符号吧？它没有对应的读音。当然，也可以发明读音了。比如陕西人吃的biangbiang面，但是这个读音是臆造的，这个字本身就是个符号。如果你看过道士画的符，你就明白这种语言文字分开发展的特点是什么意思了。

当然，后来随着文化的发展，留存下来的符号，都有了读音。但是这个裂缝并没有弥合，中国文化中符号和读音仍然是两个平行发展的系统。我们现在看到的古代文言文，不是因为我们离古代远了才看不懂，古人要想运用文言文，跟我们现代人一样，也得经过艰苦的长期的训练，他们平时也不那么说话。所以才有白话和文言的分野。

理解了这个原理，你就明白了，为什么中国没有创世史诗。

古希腊文明有《荷马史诗》，巴比伦文明有《吉尔伽美什》、印度文明有《摩诃婆罗多》《罗摩衍那》，都是大长篇。但是中国呢，创世神话盘古开天地，就那么几个字，而且成型还非常迟。

过去，我们都觉得这是中国文化的一种遗憾，我们没有美好的、长篇的创世史诗。但是，理解了中国文字的独特来源，你就知道，这一点也不奇怪。其他文明的文字都是记录声音的，当然，说书人说多少，就记下来多少，这个说书人也说，那个说书人也说，创世史诗当然就像胡子一样越长越长。而中国文字，一开始就独立发展，有创世传说记下来，也就是寥寥几个字。

那是不是在文学上，中华文明就技不如人呢？恰恰相反，我们发展出来的独特的符号系统，是一棵不断成长的树，后人在一些原始符号上，不断往上叠加意义，不断重新阐释，变成了一个极其复杂的语词的、符号的、语言的丛林。

举个菊花的例子，菊花就是一种植物，但是中国人一路把"菊花"这个符号不断演化。到了屈原，一句"朝饮木兰之坠露兮，夕餐秋菊之落英"，这菊花的品格立即就变得高尚起来；接着，陶渊明一句"采菊东篱下"，马上让菊花有了隐士的品格；再来，孟浩然一句"待到重阳日，还来就菊花"，菊花又成了秋天的象征；杜甫一句"丛菊两开他日泪，孤舟一系故园心"，菊花又代表了悠悠岁月；到了晚唐，黄巢的一句"待到秋来九月八，我花开后百花杀。冲天香阵透长安，满城尽带黄金甲"，菊花又有了冲天的杀气；到了明朝，梅兰竹菊，号称四君子，菊花的文化意义进一步丰富。

一提起这个菊花的"菊"字，有中国文化修养的人，瞬间能联想到的符号，几乎是无穷丰富的，意蕴复杂到了极点。

都说外国人学中文难，难在哪儿，就在这里。认字只要记忆力好并不难，难的是，逐步走入这个符号的原始森林。那个深度，是没有尽头的。

在一个中国文人的世界里，世界万物都被符号化，所有的符号都有无穷的意义纵深，每一层意义纵深，都被拿来和其他意义杂交，编织在一起，形成新的意义。这在中国古典诗词里就称之为典故。法国哲学家罗兰·巴特说，"书面语言就是一些符号的纺织品"，这用在中国诗词上，非常贴切。就是像锦缎一样的纺织品，各种原始符号被杂交在一起。

理解了这个过程，你就明白了，为什么中国的诗歌到了唐朝就能极盛。那些符号像大树一样，开枝散叶，不断地长，不断地长到枝繁叶茂，到了唐朝，中国文字的遣词造句的表现力达到一个高峰。那为什么唐朝之后衰落了呢？不是文人的创造力衰落了，而是符号意义堆叠到了一个负担太重的程度。

晚唐诗人李商隐，用典故用得已经到了让后来的注释者都受不了。有人嘲笑李商隐，说他作诗就像"獭祭鱼"。什么意思呢？传说，水獭这种动物有一种习惯，经常把捕到的鱼陈列在岸上，像陈列贡品一样。这叫獭祭鱼。这用来说李商隐写诗时，也要把书铺得满地都是，干吗？找典故。所以，后来中国的诗人就有一个不成文的约定，"唐后无典"，唐朝之后的事，咱就别当典故写在诗里了，那是谁都受不了的军备竞赛。咱们比学问，就用唐朝之前的典故就好了。

理解了中国符号、语言、典故的这个由来，我们再回头看李商隐的《锦瑟》，你还觉得它的主题不明还是个问题吗？就说其中的一句，"庄生晓梦迷蝴蝶，望帝春心托杜鹃"。短短14个字，其中包含的符号：庄子、庄生梦蝶、庄子所在的楚国、梦境、望帝杜宇、杜宇幻化的杜鹃鸟、蜀国、春天、庄子所代表的清醒、放达、杜鹃啼血的故事代表的愤恨、哀伤。所有这些东西化合在一起，何况后面还有无穷无尽的深度。

为什么没有明确主题的诗，就像《锦瑟》也能是好诗？有没有主题有那么重要吗？

这个足够繁华富庶的符号丛林，本身就是一个足够大的世界，一个有诗情的人、一个有欣赏能力的读者，就足以在里面流连忘返了。所以一首好诗就是一处桃花源，你在里面可以住上好几年，不知有汉，无论魏晋，不足与外人道也。

一个俗人，怎么成了圣人

欧阳修的一生，其实给我们示范了一条世俗人登上人生高峰的道路。

我的朋友章敬平出了一本书，《欧阳修传》。

我认识章敬平很多年，在我印象中，他是一位记者、律师，也曾经在著名的互联网公司就职。但是万没想到，这几年他居然又跨界研究历史，写出了这本《欧阳修传》。

我问他："历史上有那么多人好写。你为啥偏偏要写这位欧阳修？"他说："因为欧阳修是个很世俗的人，但是最后成了圣贤。那在我们今天这个世俗社会，他的故事能不能为我辈俗人指引一条上进的路呢？"

这话听着有意思，欧阳修是个俗人？这一点我还真是第一次意识到。我们印象中的欧阳修，是大文豪、唐宋八大家之一、大历史学家，编过《新唐书》和《新五代史》。他怎么会是个世俗的人呢？

书里讲了很多事实。比如刚刚考中科举开始做官那会儿，欧阳修在洛阳，爱看花、爱喝酒、爱往歌伎群里扎。朋友给他起了一个绰号，叫"逸佬"。这个"逸"，是骄奢淫逸的"逸"。你可以想象，年轻的欧阳修在朋友眼里是一副什么样子。

欧阳修的词，那确实是艳词，什么"泪眼问花花不语，乱红飞过秋千去"，什么"人间自是有情痴，此恨无关风与月"，这要不是在脂粉堆里泡得久了，确实是写不出来。比他晚一辈的人，像司马光那样的圣贤人物，就肯定写不出这种调调儿的词。

这是私德。那作为一个政治家，一个官员，欧阳修的表现怎么样呢？只能说表现正常，谈不上多突出，文治武功至少比他的官场大哥范仲淹差远了。

欧阳修这一生官位也不小。欧阳修和宋仁宗皇帝相处34年。对皇帝，他是既敬畏又忠诚，有时候也拍皇帝的马屁，跟那些世俗的官僚相比，也没有什么太多的不同。为了赡养老母亲，为了改善家庭生活，欧阳修努力工作，渴望升官，渴望得到更高的薪资待遇。政治品格只能说是正常，没有污点，也没有亮点。就这么个人，你说是不是一个世俗的人？

讲到这里，一个问题就产生了。那欧阳修凭啥有那么高的历史地位呢？论起诗文，除了那些艳词俗曲，就是《醉翁亭记》中的"醉翁之意不在酒，而在乎山水之间也"最有名，意境也谈不上多么深远。他怎么就能是一代文宗呢？曾国藩为啥能把他列为"千古三十二圣哲"之一呢？

看了章敬平这本《欧阳修传》，我才明白了，欧阳修之所以有那么高的历史地位，是因为他为中国文化创造性地明确了三个原则，那就是：正统理论、忠君思想、名节观念。

具体的理论，就不多说了。简单理解就是三件事：

当皇帝的，你是不是符合那个一以贯之的历史标准？这是正统理论。

当臣子的，你是不是彻底地，无保留地忠于皇帝？这是忠君思想。

每一个普通人，你是不是按照严格的道德标准度过一生？这是名节观念。

这些原则，我们今天听起来，肯定不喜欢，不舒服，甚至觉得很腐朽。但是，后面一千年，中国文化的这些基本原则，就是从欧阳修这儿明确起来的。至少他是一个很重要的人物。

就拿忠君思想来说，宋代之前的儒家，多多少少还认为，忠君不是一个绝对的道德要求。你忠君的同时，皇帝也得是那么回事才行。皇帝太不像话，上天是要换人当皇帝的。从汉朝到五代十国，换皇帝的戏码反复上演，背后其实是有这么个理论在支撑的。

但是，到了欧阳修这里，忠君就变成了无条件的了。确实，宋代以后，中国的内部果然就没有成功篡位的臣子了。思想转弯就是从欧阳修这里开始的。

正统、忠君、名节，这些词在我们这代人听起来非常迂腐。那欧阳修是个迂腐的人吗？还真不是。在欧阳修那里，这一套观念系统，其实是一个根本性的解决方案。解决什么？解决五代十国那样的乱世。

在北宋那一代知识分子看来，五代十国时期，虽然只有短短几十年，但是皇帝换了一大把。那个时代君不君、臣不臣、父不父、子不子。部下杀皇帝就像杀猪一样稀松平常。这样的世道谁愿意在里面待着，不但皇帝的宝座保不住，老百姓也会生灵涂炭民不聊生。

那怎么办呢？宋代开国皇帝赵匡胤搞杯酒释兵权，是一个权宜之计，但这不是长久的办法。要想社会彻底转型，从乱世变成一个稳定的社会，最终还得在思想上转弯。所以你就明白了，为什么宋代的儒家，最终搞出了全套的理学体系，这是最大的政治背景。而欧阳修就是这个思想转型的开创者。更准确地说，正统理论、忠君思想、名节观念，这不是欧阳修一个人的发明，这是儒家思想演化到宋代这个时期，出现的一个共识。欧阳修只是系统地、准确地、持之以恒地把它表达了而已。

这个观念系统就很有意思了，普通人被私德约束，士大夫被名节约束，大臣被忠君思想约束，君主被正统约束。这套东西，最终为每一个中国人，尤其是上层士大夫，确立了一套环环相扣的行为准则。道德不再是私德，每个人的道德和一个更大、更宏观、更超越时空的价值联系起来了。

我举两个例子，你就知道，中国人的道德观在欧阳修这里发生了什么样的转型。

北宋年间，有一个著名的将军叫狄青，这是一个从奴隶到将军的传奇人物。皇帝把他提拔为武装部队最高指挥官，就是枢密使。在重文轻武的宋代，一个武将能到这样的位置，本来是一段非常难得的佳话。但是欧阳修不干，三天两头给皇帝打报告，赶狄青下台。

是因为欧阳修觉得狄青这个人差劲吗？不是。

欧阳修这么做，一方面是对国家负责，他认为武将掌握军权对国家不利，对皇帝不利。这个教训五代十国时期有的是。另一方面，他认为这也是为狄青好。他担心狄青这样没有读过多少书的武将，原则性不强，被手下蛊惑，一旦像赵匡胤那样黄袍加身，变成了乱臣贼子，丢了晚节，就可惜了一世英名。在欧阳修看来，他是在保护狄青。

还有一个事，欧阳修还对我们大家都很熟的包拯包青天动过手。

包拯曾经弹劾过当时的财政部长，赶他下台。皇帝说，你觉得他不行，那你自己干呗。包拯说，可以啊，我干就我干。

这本来没啥吧？欧阳修又不干了。他跳出来说，你弹劾别人，然后取而代之，那你原来弹劾他的动机就存疑。这就是有损名节的大事啊，所以这个财政部长，你不能当。

你看，这两个故事有两个共同点：

第一，欧阳修和他攻击的对象之间，没有什么私人过节；

第二，欧阳修也不认为他攻击的对象，有什么私德上的过错。

欧阳修对他们发难的原因，是对方的行为有损"名节"。换句话说，就是你的这些行为在私德上没有过错，但和那些更高、更大、更久远的原则冲突了。

说到这儿你就明白了，欧阳修强调的名节，不是用来欺负普通人的，不像理学发展到后面，非要女人裹小脚，而是束缚那些大人物，那些肩负社会责任的人的。这哪里是迂腐？这是欧阳修那一代知识分子对中国人行动规范的重要贡献。

最后来说一点我读这本《欧阳修传》的感慨。

一个俗人，怎么也能成为圣贤？不是说，你要活得毫无瑕疵。

欧阳修的一生，其实给我们示范了一条世俗的人也可以登上人生高峰的道路。简单说就是四条：第一，精准地判断出时代的问题；第二，找到解决这个问题的潜在共识；第三，尝试把这个共识清晰地表达出来；第四，坚持这个共识，把它变成你判断一切事情的清晰原则。

历史从来都不会辜负这样的判断者、表达者和坚持者。

人们明知道语言文字会歪曲原意，但是为了交流，又不得不用语言文字。

第 **3** 章

语言

语言的切换

对不重视、不熟悉、不讲究的事物，人们的分类就会比较粗泛。相反，语言中就会有详细繁杂的分类和相应名词。

大家有没有发现一个现象，你入职大公司之后，往往要起一个英文名字。早期这个习惯是在外企流行的，这个好理解，中国人起一个英文名，便于和他们的外国老板交往。但是后来，像腾讯这样地地道道的中国公司也是这样，全公司都是英文名：Pony、Tony、Daniel等等。于是有人就觉得，这是虚荣心，是崇洋媚外，假装高端洋气。

但是后来像阿里巴巴这样的公司，每一个人入职之后也要起一个花名。刚开始是武侠小说里的名字，什么风清扬、逍遥子，后来阿里公司变大了，武侠小说里的名字不够用，连网络小说里的名字也拿来凑数。

这么做到底是为什么？要想理解这么做的用意，我们先从一个航空事故说起。

1997年8月，韩国大韩航空的一架飞往关岛的飞机在降落时遇到大雨。这个飞行员多次飞过这条航线，大雨又不是什么了不得的大麻烦，所以他也没太在意。但是很不幸，这架飞机撞上了机场附近的山，机上人员254人共有228人遇难。

事后调查发现，主要责任是机长的，当天他非常疲倦，做出了一系列错误的决定。更重要的是，其他机组人员是发现了问题的，而且他们也提醒了机长。但是重点来了，他们提醒的语气非常委婉，简直就是暗示。

韩国是一个权力、等级意识强烈的国家。在他们的文化传统中，副机长和机械师绝对不会对他们的上级——也就是机长——用直接、生硬的语气说话，那被认为是失礼。在正常的环境下，机长可能不难听出下级的话外音。但在当时，机长非常疲倦，情况又非常紧急，他没能听出下级委婉语气中的真实信息，没能及时修正错误，最终酿成大祸。

这种语言表达上的委婉，我们中国人是很好理解的。我看过一个史料，二战的时候，美国派到中国的将军史迪威和蒋介石的关系搞得非常僵，其中一个原因，就是史迪威觉得蒋介石说话不算话。他跟蒋介石说个什么事，蒋介石都说好，但事后又压着不办。史迪威就发火了，去找蒋介石。蒋介石说，我说好是我知道了的意思，不是我同意的意思。东方文化这种隐秘的委婉表达，在西方人听来简直不可理喻。

讲回那场空难，大韩航空公司在事后痛定思痛，决心进行彻底的改变。他们请来了美国专家，制定了针对性的措施。其中最重要的一个措施就是要求所有机组人员，在工作时使用英语。

两个韩国人在一起说英语，看起来的确有些怪异和做作。但只有这样，才能彻底消除语言中无处不在的等级意识。况且，英语是世界航空界的通用语言，机组人员和机场塔台指挥人员的交流反正也要用英语。这就可以最大限度地避免错误理解。

语言是文化的载体。韩国文化等级意识强，这会体现在语法、用词、语气、称呼各个方面。这是很难突破的，因为人的思维无法脱离语言。所以最终不得已，像大韩航空这样干脆使用另一种语言，倒也是一种捷径。

我们汉语其实也类似，有很多原来的文化印记。记得我们公司CEO脱不花跟我说过当年她刚到北京时的一件事。她在北京的胡同里问路，说"大爷，去某某地方怎么走？"同行的北京人就提醒她，说这样说话不礼貌。这有什么不礼貌的？那位同事就说，在北京胡同里问路，得先攀个交情。"大爷，您在晒太阳啊？哟，您这身子骨可真好。您吃了吧？"对方有回应之后，才能问路。

当然，现在这些老礼已经被大大弱化，但还是残留了很多印记。比如，中国人在亲戚中的称谓，舅舅和叔叔完全不同，一个是姻亲，一个是宗亲；伯父和叔父，也一说就知道谁大谁小。英语中则笼统地用Uncle称呼。也就是说，在说英语的人心目中，中国人看来各不相同、应该严格区分的一大堆亲属，没什么区别，都是一种男性的亲戚而已。

对不重视、不熟悉、不讲究的事物，人们的分类就会比较粗泛。相反，语言中就会有详细繁杂的分类和相应名词。阿拉伯语中，"骆驼"有几十个名词；据说因纽特人的语言中，关于"雪"的称呼也有几十种。这些情况在汉语中就不会出现。

可以想象一下，外国人读《红楼梦》时，对其中人物的种种亲属关系的迷惑。中国的"红迷"如果愿意的话，可以画出一个清晰的示意图，把所有人物彼此的亲属关系表达得一清二楚。当然，前提是要用汉语，如果用英语，这个任务估计无法完成。

各大语言中，英语的特点是平等意识很强，这是因为几百年来英语被广泛应用于商务活动。

1998年，德国汽车公司戴姆勒-奔驰兼并了美国汽车公司克莱斯勒。这次合并本来以德国公司为主，但合并后的新公司却以英语为工作语言。而且这不是个案，西门子、大众汽车、德意志电信、德国化学公司和德意志商业银行等大公司，都把英语作为工作语言。

有一次我遇到一个德国朋友，特意向他请教这个问题，为什么德国公司要用英语作为工作语言？他有点尴尬地说，德语中鼓舞士气、号召奋进的词，基本都被希特勒用滥了。一用德语说这些话，大家就感觉怪怪的，产生种种不良联想。因此只好转而用英语，不然公司连鼓舞士气的会议都开不好。

当然，德国人工作中说英语一定还有其他原因，比如更适应国际市场，表述商业词汇更加精准等，但德语和英语代表不同的文化性格，肯定是重要原因之一。

这样我们就可以解释我们提出的问题，为什么中国公司也要用英文名或者花名。

首先，是为了增加对公司的认同感。名字是最深的自我认同，名字都改了，自我的身份认知就会发生切换。但是更重要的一个原因，是不必互相称某总、某兄，直接称呼英文名或者花名，让沟通效率提高，也营造了一个平等自由的沟通氛围。一个组织的打造，首先就是要完成这种文化上的转换。

最后再举一个例子，最近我在看散文家王鼎钧的回忆录。他说到，抗战的时候，他们学校也要搞军训，他发现军队里的那套行为举止非常新鲜特别。比如，依照中国家庭历代相传的规矩，子弟不可以瞪着眼睛看长辈的脸。现在，教官的命令是："看我，看我的眼睛，眼睛睁大，不许眨眼。"你只好勇敢地、放肆地、甚至凶恶地看着他，让他满意。

依照传统的教养，在外面对长辈说话，要轻轻走到他身边，用很低的声音陈述。军训则不同，你要在六步之外停止，立正，大喊"报告！"，声音像吵架一样。

一般来说，家庭训练要我们稳重、从容，举手投足画出的虚线是弧形。而军事动作直来直去，有棱有角，避免一切迂回浪费。当你按照军队的礼仪，伸手去接一样东西时，看上去直来直去，似乎很不耐烦。

这下你就理解了，军训的第一个项目，就是要训练你大声说话。它是为了让你脱离民间的习惯系统，用这种方式把你从原来的文化中连根拔出，再让你融入到一个全新的系统之中。

名字为什么很重要

只有给对方命名，叫出对方的名字，才能把它从混沌的外部世界分割开，单独召唤到我们面前，它才能被我们认识。

最近，我和同事闲聊到一个话题，就是十几年前的"冥王星降级"事件。

我们这代人小时候上学都学过，太阳系有九大行星，最外面的那颗就是冥王星。这颗星是1930年被发现的。但是到了2006年，国际天文联合会决定把冥王星从行星里开除出去，降级成一颗矮行星。从此，小学课本就改了，太阳系只剩八大行星了。

这件事情在当时的争论很大。有人说不就是个名字，改什么改？不管是行星还是矮行星，冥王星不都是那颗远在几十亿公里之外，围绕着太阳运行的天体吗？不管叫什么，既不改变它本身的属性，也不影响我们对它的观测，为什么好端端的非要改名。我上学背书考试，好不容易学到的知识，你们说改就改了，这是不是你们天文学家在刷存在感呢？

那么我们聊聊，名字真的那么重要吗？先说结论：是的，名字真的就这么重要。改和不改，就是不一样。

先来看看"名字"的"名"字是怎么来的。《说文解字》的解释是：名，自命也。从口夕，夕者，冥也，冥不相见，故以口自名。这句话的意思是说，古人都生活在熟人社会，一个村子规模很小，大家都相互认识。白天不需要名字，大家可以通过长相、动作判断一个人的身份。但是到了晚上，两眼一抹黑，两个人相见只能靠报出彼此的名字来区分敌我、确认身份了。

所以命名的本质是把我们的主观世界客体化的过程。有了这个名字的客体，我们才能展开与陌生人的合作。

在给一个东西命名前，这个东西的所有特征都存在于我们的主观世界里。比如，某个人是矮个子、长头发、黑脸膛、跑得快、爹是谁、亲戚是谁等，这是一大堆乱七八糟的特征，既没有秩序，也无法穷尽。当我们共同说起一个人的时候，说半天也说不清楚是不是同一个人。而一旦我们给他起了个名字，比如用"张三"来称呼他，就相当于把一大组特征打了个包，投射到了这个名字上。大家公认，这个人是张三，这就可以讨论了。至于对他的各自的主观印象，各自想各自的，不一致也不要紧。

所以名字可不是什么虚拟的东西，它仅仅是个符号，它是一种客观实在，而且是人类社会陌生人大规模合作中最重要的客观实在。

《百年孤独》开篇有一句经典的话，是这么说的：世界新生伊始，许多事物还没有名字，提到的时候尚需用手指指点点。

设想一下当时的情景，因为所有的东西都没有被命名，外部世界就是混沌一片。什么可以信赖，什么不可信赖，哪些安全，哪些危险，所有这些都无从得知。这个阶段，人们对于外部世界的认识一定非常有限。怎么办？命名嘛。只有不断给事物命名分类，外部世界才能从混沌变得可知。

这样说可能有点抽象，我再举个例子，就说天上飞的鸟，刚开始的时候，我们把所有带羽毛、会飞的都叫"鸟"。但是鸟在天上飞，人是抓不住的，想深入研究是不可能的。

怎么办？分类，然后命名，确定门纲目科属种，一路命名下去。结果是，一个鸟类学家，站在地上看一眼天上，就能分清楚飞过的是什么鸟。比如一只鸟，背部和面部的羽毛颜色是翠蓝发亮，爪子是赤红色的，嘴形又长又尖，而且又是在水边发现的。通过这几个简单的信息，鸟类学家就可以做出判断了：翠鸟。如果这鸟眼睛上边的羽毛是蓝色，而不是橙黄色的，那还能进一步判断——斑头大翠鸟。鸟类学家不用真的把这只鸟捉到，观察它的所有细节，就已经可以开始认知和研究。人们对于鸟的认知水平，一下子就上升了。所以有人说，学科进步的第一步就是命名。

事实上，有些伟大的科学进步，本身就是命名。比如，提出"熵"这个概念，就是对一组现象的命名，仅仅提出这个概念就已经是科学的重大进展。

文化人类学上有一个有趣的发现，各个民族的神话都有一条通行的规则——妖魔鬼怪出现时，如果你能叫出它的名字，它的魔力就会减损大半，甚至完全丧失。反过来，如果你被对方叫出名字，你的力量也会化为乌有。回想一下《西游记》里好像就有这样的情节，妖怪叫孙悟空"孙行者"时，他是一定不能答应的，一旦答应就要被收服。

这就是名字的作用。只有给对方命名，叫出对方的名字，才能把它从混沌的外部世界分割开，单独召唤到我们面前，它才能被我们认识。

还不仅仅是认识这么简单。名字既然是一个实体，它对现实世界就一定也有反作用。

我曾经看过一个对比中国和西方国家禁毒工作的研究。研究结果发现，很多国家禁毒的效果比中国差得远。这当然是很多因素共同作用的结果，但那篇文章还提到了很有趣的一点，就是汉语和英语里对毒品的叫法不同。汉语里，毒品被称为"毒"，毒药的毒，一听就给人这东西有害、要远离的感觉；而英语里，毒品的叫法是drug，药品，单纯的中性词，没有特别的暗示。同样的东西，名字不同、叫法不一样，给人的感觉就不同，就会影响人们对它的态度。

理解了命名的这些作用，我们再回到开头提到的那个问题，冥王星为什么要改名？不叫行星，而叫矮行星？天文学家朱惠特说，这非但不是"矮化"，反而是冥王星的"升迁"。

过去冥王星被当作行星的时候，特别不起眼，因为小，体积只有月球的三分之一，质量只有月球的六分之一。而且它又离我们那么远，观测起来那么费劲，所以注定是要被忽视的，总之一点存在感都没有。

但是现在冥王星被开除出行星，变成矮行星了，结果现在只要讲太阳系的行星，最后一定得专门把冥王星拿出来讲一讲。你说它的地位是不是重要多了？

再从天文学的内部来看，专门划出一类天体叫"矮行星"，这意味着更多的人力资源和科研经费，当然会有新的研究成果出现，又会吸引更多的注意力。

果不其然，2006年冥王星被开除出行星，2008年6月11日，国际天文联合会给海王星以外的矮行星们，起了个名字，统一叫"类冥天体"，就是和冥王星类似的天体。冥王星直接变成这一区域的老大哥，成为了附近这类天体的模板。

你看一下这个过程，改名之前，冥王星只是一颗孤悬于外太阳系的、畸形的、渺小的、注定要被忽视的奇异天体，丑小鸭一只；而现在，它变成了那个区域的老大哥，被从遥远的外太阳系重新召唤到了我们面前，获得了无数的额外关注，摇身一变成了白天鹅。我们熟悉的丑小鸭的故事，不就是一个命名错的故事吗？你说这是降级还是升迁？所以，让我们祝贺冥王星吧。

从这个故事里，我们可以再次洞察到名字的重要性。它不是什么任意的符号，它是一个事物在人类世界里的再一次出生，它还是一个东西放大自己价值的最好杠杆。

语言是人类发明出来的交流工具，而这个工具引起的误解和它造成的沟通相比，一点也不少。

认知方言化

最近我在工作中有这样的困惑，在跟同事交流很多问题的时候，我明明觉得自己已经讲得很清楚了，当场也再三确认，可最后执行出来，却不是那么回事。事后一了解，原来是对某个词、某个概念的理解出现了偏差。

同样是轴心时代的大哲人，为什么孔子和柏拉图对于诗歌的态度不一样呢？

孔子说起诗歌，评价可高了，他说："《诗》三百，一言以蔽之，曰：'思无邪'。"孔子在搞教学活动的时候，诗歌是重要教材，后世也都相信，流传到今天的《诗经》三百篇，是孔子亲手编订的。

再来看古希腊哲学家柏拉图，他比孔子小一百多岁，但是大体上还算是一个时期的人吧。柏拉图说，要把诗人赶出城邦，他还罗列了诗人的几条罪状，说诗人的作品对真理没什么价值，而且还摧残理性，迎合人性中最低劣的部分。

那么他俩到底谁对谁错？

他俩的意思其实是一样的，用今天话说，都是"我要反三俗"。

柏拉图时代看到的诗歌是什么样的？是《荷马史诗》那样的长篇叙事诗，我们可以理解成一种有韵律的评书。评书讲究的是故事性和角色刻画，越热闹、越扣人心弦就越好。如果再要迎合两三千年前普罗大众的下流趣味，"三俗"的作料一定不少，毕竟是一种商业活动。古希腊的诗人什么样？大体上我们可以把他们想象成在各个城邦走街串巷的鼓书艺人。所以，从维护正统文化价值观的角度，我们就可以理解柏拉图为什么要把诗人赶出城邦了。

那再来看孔子时代的诗歌。今天我们看到的《诗经》其实是一项正式文化制度的成果，这个制度叫"采诗"。周朝刚刚建立的时候，可没有现代传媒，连知识分子和官僚集团这些群体都没有，那中央政权怎么了解各地民情呢？根据汉代的何休给《春秋公羊传》作注中的说法，朝廷养了一些孤寡老人，让他们摇着木制的铃铛，就是"木铎"，到民间去采集诗歌。一听见谁唱歌、作诗，就记录下来，然后把采集来的诗歌汇集到朝廷的乐官那里，由乐官进行整理。朝廷就可以根据民间的诗歌来了解民情。《诗经》中的"风"就是这么来的。

这个做法一直持续到汉代，朝廷还正式设立"乐府"，到民间采诗。后来因为儒家知识分子阶层的形成和官僚制度的成熟，不再需要这项制度了，但是乐府作为一种诗歌题材保留了下来，我们熟悉的《木兰诗》《孔雀东南飞》都是典型的乐府诗。

这么一梳理你就明白了，不是说中国从来没有三俗诗歌，而是因为特定的政治目的，能被选出来呈报给中央留存下来的诗歌，自然而然淘汰了三俗的东西。所以，中国诗歌的传统，从源头上就没有"三俗"的问题。

试想一下，假如柏拉图当年面对的是中国的这种诗，他又怎么会主张驱逐诗人呢？所以孔子和柏拉图对诗的主张其实一样，都想弘扬正能量，之所以表现不同，是因为他们生存的社会状况不同，诗本身不一样。

之所以这能引起我的注意，是因为我最近也在被一个问题困扰，就是语言的局限性。

同样是"诗歌"这个词，表面上看孔子和柏拉图的观点对立，但是一旦深入它的文化背景中，你又会发现这个对立压根就不存在。语言是人类发明出来的交流工具，而这个工具引起的误解和它造成的沟通相比，一点也不少。

其实，对于语言表达扭曲原意，人类一直是比较警惕的。柏拉图的老师苏格拉底一辈子没有留下一个字的作品，因为他认为写作是一场骗局，写作是不可信的，只是娱乐，并且会让人失去本身记忆的能力，变得只能依靠外在的文字符号而非自身的通道去理解知识。

中国的儒家也有类似的警惕性。后世儒家有一些重要的命题，比如"人性"和"天道"的问题，孔子在活着的时候从来不提。

孔子的学生子贡就说："夫子之言性与天道，不可得而闻也。"不是这些命题不重要，而是这些种虚无缥缈的东西，只能心授，不能形诸语言文字，一旦写成文字，就会引发误解，脱离原意。那后来写没写呢？写了，是孔子的孙子子思写的，这就是著名的四书之一，《中庸》。

朱熹在注解的时候就说，《中庸》本来是孔子向门人传授的心法，但是子思担心时间久了失传了，没办法才把它写下来。这就是我们人类的处境，明知道语言文字会歪曲原意，但是为了交流，又不得不用语言文字。

那统一语言有用吗？没用。统一语言过去能解决绝大部分沟通问题，所以秦始皇才要搞"书同文车同轨"。但是在现代社会，就像我们刚才举的"诗歌"那个例子揭示的，统一语言已经没有用了，是语言背后的语义不能统一。现在我们面对的问题，已经不是语言的方言化问题，而是一个认知方言化的问题。

比如，如果你现在说一个词"吃鸡"，有的人认为就是吃一只鸡，有的人就知道那是打游戏。真正的分岔是在背后的认知。

最近我在工作中就有这样的困惑。在跟同事交流很多问题的时候，我明明觉得自己已经讲得很清楚了，当场也再三确认，可最后执行出来，却不是那么回事。事后一了解，原来是对某个词、某个概念的理解出现了偏差。

刚开始我还怀疑是不是我的语言表达能力出了问题。后来这种情况发生得多了，我才知道这不是表达能力问题，这就是"认知方言化"的问题。

为什么商业界那么多大小老板，包括小团队的领导，都经常感慨手下人听不懂自己在说什么，不是他们笨，而是即使我们是在干同一件事，但是我们接受的信息太凌乱了，每个人对目标、任务、方法的认知都在飞速地分离。这个过程，就像是用同一种语言的人只要稍有阻隔，就会演化出方言，时间一长，互相之间就听不懂了。

更引申一步，这个问题可能也在改变企业存在的意义和使命。过去，一个企业完成对资源的整合，主要就是机器设备和人员产品的整合。但是现在，大量创新的使命摆在面前，整合的对象变了，变成了人。更准确地说，是变成了整合人的认知。

所以现在的企业就有两个新目标：

第一，不断创新认知，主动让自己的认知方言化。比如我们公司在生产内容的过程中，就出现了很多只有我们自己人才懂的新词，"投影法""还原法""左手一挥法"等等。不是我们保守商业秘密，这些词我们都写在了品控手册里，但是说实话，如果不是天天和我们在一起工作，想准确理解这些词的意思，还是不容易。

第二，不断在内部统一认知。这个过程没有什么取巧的办法，就是得天天在一起，天天说、日日讲，像国家推广普通话那样，把最新的认知尽可能地普及到全员。

对外，制造认知方言化。对内，对抗认知方言化。这不是新麻烦，这是现在企业的新使命。有句话说得好，现在一个企业的终极产品，已经不是产品和服务了，而是你之所以能做出这个独特的产品和服务，别人连抄袭都抄袭不了的背后那一组独特的知识，那一组企业内部共享、且在不断生长的方言化的认知。

一个字带来的麻烦

外来的存在，不必介入我们的生活，就有可能彻底改变我们的命运、难题、状态。

最近看到了一个字和它背后的故事，生出了一点小感想。这个字就是"她"。很常用的一个字，现在我们天天用，不过在中国古代的文言文中却没有这个字。这个"她"字出现至今，差不多才一百年时间，是五四白话文运动时期才被造出来的。

白话文运动时期，新造了不少字。比如，我们今天经常用的那个提手旁的"搞"字，也是100年前发明的。为什么要发明这个"搞"字呢？因为白话文对动词没有那么多精确典雅的表达方式，很多动作就一"搞"了之了。这是中文自己演化出来的难题，当然得自己找到处理方法。

但是这个"她"字就不同了，这是一个外来难题。在古汉语中，只要是指一个别的东西，不管指人指物，都可以用一个单人旁的"他"来表达。比如我们熟悉的，"他山之石可以攻玉""他人""我并无他意""我们他日再战"，都是用单的这个"他"，所以这都是指第三者，没有单独为女性设计一个字。

但是近代以来，国门初开，西方文化来了。西方语言中，比如英语，第三人称的男女是分开的，一个叫"he"，一个叫"she"。按说，语言不一样，他们用他们的，我们用我们的，井水不犯河水不就行了吗？可是西方文化当时很强势，我们得翻译他们的书和文章。他们的文字中第三人称既然分男女，那在汉语中对应地该怎么写这两个字呢？

男性的他就沿用古汉语中的那个"他山之石"的他就行了，但是女性的她怎么办呢？我们翻译英文，翻译那个"she"该怎么办呢？当时有很多讨论。我们就先聚焦在三个人身上：鲁迅、周作人和刘半农。

鲁迅大家都熟悉，周作人是鲁迅的弟弟。大家对刘半农稍微陌生一点，他是前面二位的朋友，著名的语言学家，音乐家刘大华的哥哥。这三个人都是北大教授，在立场上也都是革新派。但是，在用什么汉字来指代第三人称女性这个问题上，三个人的主张不一样，拿出来的方案也都不一样。

先说鲁迅，他刚开始的主张是用一个"伊"字，"所谓伊人，在水一方"的那个"伊"字。这个字在古汉语中，用法也是指第三人称的他，但是并不分男女。好歹有这个字，而且和单人旁的那个"他"字形、读音都不一样。那就借来用呗，语言不就是这样吗？遇到了新的意思，不主张新造一个字，而是看看在传统中有什么资源可以借用。所以，鲁迅有一段时间的文章中，指代第三人称女性的字就成了"所谓伊人，在水一方"的"伊"。

但是，这个方案一旦用起来就发现有问题。我们在上中学的时候，都学过鲁迅的那篇小说《故乡》。里面有句话是这样的："我孩子时候，在斜对门的豆腐店里确乎终日坐着一个杨二嫂，人都叫伊豆腐西施。"这个地方的伊，就是鲁迅这个阶段用法。但是说实话，当年我上学的时候，读到这一段总觉得怪怪的。既然我100年后觉得怪，100年前的中国人肯定也觉得怪怪的啊。我们在口语中，还是说"她"，鲁迅写到纸上为什么就变成了"伊"了呢？到底念成什么，难道要我们改口语吗？这是一个创新，但是这个创新的推广成本太高了。事实上，鲁迅最后自己也放弃了这个用法。

再来看第二个人，鲁迅的弟弟周作人。他觉得，不如在单人旁的"他"的右下角写上一个小小的字，写上女人的女。一眼可见，也没有语言和书面文字不合拍的问题。这个思路就有点像今天有的政府机构公布那种长长的名单，有的人名后面加一个括号，注明是女。你要是有兴趣，可以找周作人当时出版的翻译作品来看，像是安徒生的《卖火柴的小女孩》、俄国的《可爱的人》，满篇都带着脚注"女"的他。当然了，这个方案，也只有周作人用了一段时间，没有推广开。原因你也想得到，印刷起来太麻烦了而且这样的书在视觉上也不好看。

提出最终解决方案的，是刘半农，就是他造出了我们今天常用的那个女字旁的"她"字。不过严格地说，也不能说这个字就是他造的。因为古汉语里确实有这个女字旁的"她"，不过意思不一样。古汉语的这个"她"是用来指姐姐的，而且也不是这个读音。当然，这个字很早就作为生僻字不用了，刘半农造字的时候也不知道自己其实造了个旧字。这实在是"如有雷同，纯属巧合"。

这个字一造出来，马上就流行开来了，一直到今天我们也是这么用。结果证明作为一个方案，它是最好的，避开了前两种方案的毛病。但是在当时，这是一个被骂得很惨的方案，因为里面有男女歧视问题。

有人就说，表示男性的他是单人旁，表示女性的她就是女字旁，女性难道不是人吗？这可不是个别激进分子的少数意见。朱自清就遇到过这样的反对。朱自清在学校教书的时候，给学生发上课用的讲义里面自然就会用到"她"字。很多女学生收到讲义后，会修改为单人旁的他，既然是指男的，干脆把单人旁换成男人的男。这样才公平。既然女性用的是女字旁，男性为什么不用男字旁呢？这才男女平等。不管这个方案成功不成功，其实都没有完美的解决方案。

那这段文字公案给我带来的启发是什么呢？就是外来者对我们的影响。

过去，我们看见一个外来者，通常的反应是我们得判断一下，是善意的还是恶意的，对我有好处还是有坏处，是有用的还是没用的。我好决定我是接纳还是拒绝，战还是逃。

但是，今天讲的这个文字上的例子告诉我们，现实情况远远没有那么简单。

外来者对我们最大的影响方式，其实，不是要对我们干什么，它只要存在在那里，我们原先的世界就已经改变了。它就已经成了我们要解决的一个问题，它就一定会引起我们内部的纷争。

比如，你可以想象一个生活场景，两个闺密正在餐馆吃饭，突然隔壁桌来了一个大帅哥一个人吃饭。整个过程大帅哥跟她们没有发生任何交流，仅仅在旁边存在了那么一下，典型的生活中的过客。但是如果你有生活经验，就知道这两个正在吃饭的姐妹，无论是心思还是交谈的话题，都一定会发生某种微妙的转折。外来的存在，不必介入你，就一定会在你们的内部产生新问题。

这就牵涉到我们对现在这个时代的理解了。有人说，这个时代对我们个人命运影响太大。因为时代在变，所以我们得跟着变。有人说，是环境太险恶，有人对我们太不善意，所以我们活得不容易。这种思路都是在说，环境因素在主动介入你、影响你。但是，我们可能把这个事情想浅了。

这个时代的最大特征，是我们的生活中出现了越来越多的相邻关系。我们的命运不得不和一些我们陌生的东西在一起，仅仅是在一起。真实世界里、虚拟世界里，各种各样的人、机构、话题、观念成为我们生命中的过客，成为我们的他者。他们没打算搭理我们，也不打算介入我们，甚至也谈不上什么影响。但是只要他们在我们的生命中存在过那么一下，我们的命运、难题、状态就有可能被彻底改变。

在绝大部分情况下，那些他者、过客对我们无恩无怨，谈不上好也谈不上坏。但是，由此产生的问题是我们自己产生的，解决的责任也是我们自己的。这才是一个变化时代的真正含义。这是我从一个字开始引发的小感想。

任何团结，都必须从区分里外、亲疏，甚至是敌我开始。排斥外界，不是我们团结之后的结果，而是为了达成内部团结必须付出的代价。

全世界能用同一种语言团结起来吗

一位来自成都的世界语者在接受采访的时候说了一句话，一语道破了今天世界语的现状："世界语更像一个暗号，只要对上这个暗号，就是自己人。"

我们人类自古以来就有一个愿望，就是天下大同。这个世界如果没有隔阂、没有误解、没有战争，那多好？这不仅仅是美好的愿望，如果实现了天下大同，是有好处的。我们人类是社会动物，人和人的协作当然能迸发更大的力量，所谓"团结就是力量"。

天下大同这件事既是大家的愿望，又有实际的好处，既有必要性，也有可行性，可为什么做不起来呢？

基于这个问题，我想跟大家聊一次团结全人类的努力，看看这场努力的成功和失败。也许我们从中就可以得出上面那个问题的答案了。

这场努力就是"世界语"。今天知道这门语言的人不多了，很多大学的世界语专业也都停止招生了。但是，大概100年前，世界语曾经光芒万丈。

几乎所有广泛流行的语言都是自然形成的，但世界语是个例外。世界语是有发明人的，这个人叫柴门霍夫，是生活在19世纪后期的一个波兰犹太人，是个医生。

柴门霍夫长大的城市，是一个叫"比亚韦斯托克"的地方，位于波兰东部，临近白俄罗斯。那里最大的特点就是多民族混居。柴门霍夫回忆说，自己的故乡是一个俄语、波兰语、德语族群"杂居且互相仇恨"的城市。

在这样的城市长大，让柴门霍夫成为了一位掌握很多语言的人。他的母语是俄语和犹太人的依地语，同时还会波兰语、德语、法语、拉丁语、希腊语、英语、希伯来语、意大利语、西班牙语和立陶宛语，一共12种。所以，每个民族的人在说什么，他都能听懂。他是个语言的天才。

柴门霍夫就感到语言既沟通了人群，但也是隔绝人群的一道天然的篱笆墙。于是他想，如果全世界人都能使用一种语言，不就能消除这些矛盾了吗？

1887年，28岁的柴门霍夫就以拉丁文为基础，创造出了一种全新的"人造"语言。这就是世界语。

世界语共有28个字母。基本词汇和词根大部分来自拉丁语系。世界语最大的优点是简单而且有规律。基本语法规则只有16条，动词只有现在时、过去时和将来时三种。而且发音严格遵守"音符对应"的原则，每个字母都严格对应唯一的发音，你会读就一定能写对，看到文字就一定能读对。而且其他语言里的麻烦事，阴阳性、敬语、变格之类的全都没有，对初学者来说非常友好。

柴门霍夫宣称，就算是没受过教育的欧洲人，一个星期就能掌握世界语。在创建了世界语之后，柴门霍夫公开放弃了所有关于世界语的著作权。他表示，希望世界语能消弭语言造成的隔阂，最终实现全人类的团结。这个理想很美好吧？他把世界语命名为"Esperanto"，意思是希望语，开始向全世界推广。

在这个故事的一开始，我们看到了一个理想主义的青年、一种简单易学的语言、一个希望人类团结的美好愿望。

但世界语接下来的命运，完全出乎柴门霍夫的想象。

在世界语出现之后不久，英国《泰晤士报》就说，这个语言听上去像是"一个带着斯拉夫口音的人在说很不标准的意大利语"。你要是生活在当时的欧洲，就能听懂英国人这个点评就是典型的"地图炮"，是在地域歧视。因为当时在欧洲，意大利和斯拉夫人（俄国人属于斯拉夫人）是处于鄙视链的底部的。所以，一门为了团结而生的语言，刚发明就被英国人当作了歧视、隔绝别人的工具。

而且欧洲其他国家的人对世界语也充满了警惕，理由很简单也很奇葩，因为柴门霍夫是一个犹太人。当时欧洲很多地方都在排犹，他们会认为是犹太人在搞什么阴谋。所以在当时说世界语就会被人贴上一个犹太人的标签。

但所有这些困难都没有阻止柴门霍夫为了世界语一生奔走宣传。一战结束后，世界语得到了一个很好的发展机会，因为共产主义运动开始了。

20世纪初，年轻的列宁在欧洲接触到了世界语，他马上意识到了这种语言的价值，他说了一句话："世界语就是全世界无产阶级的拉丁语。"对啊，共产主义的理念就是全世界无产阶级团结起来，世界语当然就是最好的团结工具。据说，在第二国际的某次大会上，列宁在宣读自己报告的时候就使用了世界语。

就这样，世界语就和共产主义、布尔什维克运动结合在了一起。苏联的政治家和作家，包括斯大林、高尔基，都开始学习世界语。中国也一样，我们熟悉的左翼作家，像鲁迅、巴金都学习而且致力于推广世界语。世界语得到了第一次大规模的发展。

但是在纳粹掌权之后，德国宣传部部长戈培尔就直接下了结论："世界语就是犹太人和共产党的语言。"这句话就不仅是地图炮了，也是民族炮、意识形态炮。凡是说世界语的，不管你自己是不是，但外人就这么看你。

1937年正好是柴门霍夫发明世界语的整整50年后。一种试图团结全世界的语言，在半个世纪的历程里，反而成为了各种人隔绝他人的工具。

更让人唏嘘的是，几年之后二战爆发。柴门霍夫的三个子女因为是犹太人，全部死在纳粹手里。一位一心促进世界团结的理想主义者，不仅没有保护人类，连自己的子女都没能保护。

那今天的世界语是什么情况？我们提到过，中国没有大学开展世界语专业了，但是世界语没有死。目前大概有几万人说世界语，多数是年轻人。他们来自不同的国家，主要在网络上交流。这是一个相当友爱温暖的小团体。

比如说，每个世界语者都可以领到一本小册子，直译过来是"护照服务"，它有点像一份面向全世界的青年旅社系统手册。在2006年出版的小册子里，一共收录了92个国家的1320位世界语使用者的地址，就像一份联络图，告诉你到哪个国家的哪个城市，谁能管你吃，谁能管你住，甚至他们家里能不能抽烟都写得一清二楚。而要享受这套服务，只有一个条件，就是你得能说世界语。

一位来自成都的世界语者在接受采访的时候说了一句话，一语道破了今天世界语的现状："世界语更像一个暗号，只要对上这个暗号，就是自己人。"

世界语者是真的在共享暗号，比如他们聚会叫"鳄鱼下午茶"，因为世界语者自称是"鳄鱼"。每年12月，别人都过圣诞，但他们过"柴诞节"，就是世界语创始人柴门霍夫的生日，每年的12月15日。要是外人，你都听不懂他们这个封闭的小团体在说什么。所以其实世界语活得好好的。

总结一下，如果你发明了一个试图团结所有人的工具，无论它是世界语还是互联网，假如它真的好用的话，你能期待的最好结果也就是团结了一部分人，排斥了另外一部分人。它确实给这个世界多修了几条路，但挖出来的土又给这个世界多打了几堵墙。这几乎是所有沟通工具的共同命运。

这背后是人类社会最拧巴的一个逻辑：任何团结，都必须从区分里外、亲疏，甚至是敌我开始。排斥外界，不是我们团结之后的结果，而是我们为了达成内部团结必须付出的代价。

真正产生美的，不是物理上的距离，而是和你实用性的距离。

所有艺术形式都有可能衰落，但是从来没有一样真正死去。

第 4 章

艺术

美是什么

灵感好像非常神秘，即使是艺术家也做不到招之即来挥之即去。那它到底是什么？朱光潜先生说，其实就是人的潜意识活动。

我们经常说"距离产生美"，离我们远的东西才可能是美的东西，这符合我们的日常经验。

比如，有一次我从北京到桂林玩，跟当地的船夫聊天，我就夸他们桂林好，住在这里很幸福。没想到他说："你在这里住一辈子试试？我倒是觉得你们北京挺好的。"

所以有人就说了，所谓旅游，就是一群在一个地方住腻了的人，跑到另外一群人住腻了的地方去感慨"真美"。这不就是距离产生美嘛。

但是，我总是感觉这话没说透。第一，多远才算远？我身边的美女，我也觉得很美；我挂在家里的画，我也觉得很美；第二，远在纽约的脏乱差街道，我眼里看来，还是觉得脏乱差。

看来，"距离产生美"不是一个真正有洞察力的表达。

最近，我在看朱光潜先生的《谈美》这本书时，才找到了精确的表达——脱离现实用途才叫美。真正产生美的，不是物理上的距离，而是和你实用性上的距离。

城里人到了有山有水的地方觉得美，是因为他们不靠山和水吃饭。如果是当地乡下的农户看到同样的景色，想到的却可能是翻山越岭的劳累、耕作的辛苦和对收成的担心。这个时候，美感也就没有了。

更典型的例子是语言。为什么中国产品经常会用英文字母做品牌名字？过去我们都觉得这是因为崇洋媚外。为什么很多外国人会在身上做一个中文的文身？过去我们都觉得这是中华文化有魅力。其实，用朱光潜先生的这个美学理论，可以有另一种解释。

我们中国人听到有人在说中文的时候，会立刻不可遏制地去理解其中的含义，它是实用的。所以，我们永远没法欣赏中文的语音美还是不美。

当企业在设计logo时，如果用英文字母，就是在利用我们对于外文的陌生感。它不实用，所以人们会把注意力集中到字母的形态、轮廓等设计元素上，设计的美感会就突出了。反过来，西方人在自己身上文几个汉字，也是一个道理，脱离实用性，让美感凸显出来。

如果继续追问，为什么脱离实用性就有美感呢？所有物种，产生一种感情，都不会是没有作用的，都对它的生存繁衍有实质性的好处。

一种生物，在大千世界中能够利用到的资源是很少的。但是，对那些它暂时用不到的、脱离了它当下实用性的资源，它必须有一种感应的能力，让它不脱离自己的视野，能对自己保持诱惑，作为备用资源。

这种能力对生物的生存当然有好处，这就是最原始的美感。为什么齐白石说，画画是"似者媚俗，不似者欺世，妙在似与不似之间"，就是这个道理。太不像的画，脱离了人的感应能力，是瞎画，是欺负大家。太像某个东西，像到让大家感觉很实用，又媚俗了，没有了美感。有美感的东西，是在似与不似之间。

这样想，我心里又解开了一个疑团。很多人说，艺术就是纯粹的艺术，没有实用性。其实，按照我们刚才说的这个理论，艺术和审美确实没有切实的、当下的实用性。但它是实用性的预备，它在衡量我们对于大千世界本身、对眼下实用之外的资源的感应能力。只要稍稍放开视野就会知道，这种能力对我们的生存其实更为重要。

朱光潜先生这本小册子《谈美》给我的第二个启发是，艺术不仅是精神世界的事，它更是身体的事。这个说法可能有点奇怪，艺术难道不是一种精神文化活动吗？其实不然。任何艺术都是一种身心合一的活动，包含种种身体的习惯和记忆。学习一种艺术，就是通过反复练习掌握其身体的技巧。比如，书画家挥动手臂的运笔技巧远超一般人，钢琴家的手指格外灵活，舞蹈家身体各部位的活动能力令人叹为观止，等等。

那你可能会说，写诗总算是纯粹的精神活动了吧？不对，就连诗歌，其实也是一种身体的运动。所谓诗歌的气韵，说白了，就是喉舌的运动给人带来的气息感受。诗歌的节奏感，正来自于人的呼吸有节奏感。诗歌不能默读，而一定要大声朗诵，因为只有通过全身心的运动，才能再现诗人创作时的完整身体活动，充分感受到诗歌内在的音律之美。

我有一位指挥家朋友叫余璐，他跟我讲，如果纯粹讲音乐的技巧，十几岁的孩子就可以练到纯熟，但是为什么器乐演奏家往往要到四十岁之后才功成名就呢？因为他对音乐的理解，还有他的身体对音乐的表现力需要到那个岁数才能出得来。器乐家在演奏的时候，他的身体表现力本身就是音乐的一部分。

朱光潜先生的《谈美》给我带来的第三个启发，就是灵感的本质。灵感好像非常神秘，即使是艺术家也做不到招之即来挥之即去。那它到底是什么？朱光潜先生说，其实就是人的潜意识活动。

当人思考某个问题或者从事某种创作时，大脑会同时开动意识和潜意识。我们经常会遇到这样的情况：在意识层面遇到了种种阻碍，思考没有结果，只好放弃。这时，从人的主观感受来看，思考陷入停滞或困境。

但是这时候潜意识并没有停止活动，甚至可能在高度兴奋地活动——人自己感觉不到而已。这就像是计算机的多程序运算，你在专心处理文字，后台的杀毒程序在帮你默默地监控网络环境，杀毒、查木马。

于是，在某个你自己也想不到的时刻，潜意识思考就会突然有了结果。这个时候，艺术家就感觉灵感来了！

理解了大脑活动的这个机制，对我们的日常学习其实也有帮助。还记得我上中学的时候，老师就告诉我一个考试技巧。考语文的时候，发下卷子，先看最后一道作文的题目，然后丢开去做前面的题目。

不要以为你没有在思考作文，你的潜意识一直在替你打腹稿。等你把前面题目做完了，这个时候再写作文，你会发现效率高很多。

这件事给了我很大启发，后来我工作的时候，如果一时间很多事忙不开，我都会先抽时间了解一下，那些没时间处理的事到底是什么，然后丢开。我心里知道，我虽然还没空处理这事，但是我的潜意识早就在忙开了。

酒店的卫生纸为什么要折三角

设计的根本，是设计者和使用者之间的沟通。你要把自己想表达的一切——这件东西是做什么的，怎么操作，都传达给用户。

我们公司的联合创始人快刀青衣给我推荐了一套书，叫《设计心理学》。书的作者是一位认知科学家，叫唐纳德·诺曼，他曾经有一句名言——在人和设计之间，人是不会错的，错的只有设计。由此可见，老人家用户意识很强。

其实我对这套书一开始是有点犹豫的，毕竟它年代久远，距离第一次出版已经过了20多年。要知道，设计可是一门不断扩张的学问，像智能手机、APP应用之类的设计，在当时还没出现呢。

所以我的迟疑就在于，20多年前的理论，到今天会不会已经过时了呢？

但是看完这套书之后，疑虑彻底打消，里面的内容何止是适用，简直是道出了设计的本质。

以往我们都觉得，设计是一门艺术，它考验的是创造力，越天马行空越好。比如巴黎埃菲尔铁塔、悉尼歌剧院，哪一个不是前无古人的创意呢？

但是诺曼说了，设计的本质，其实不是创意，而是沟通。它是一门设计者和使用者之间，通过产品实现无声沟通的学问。为什么这么说呢？

因为在我们的日常生活里，平均每个人要和两万多件东西打交道，大到飞机、汽车，小到一个创可贴、一个钥匙扣，每件物品都有它自己的用途，也都要经过设计师的手。

设计师要做的，不是让你觉得它多好看，而是让人一看到这件东西，就马上知道它是干什么用的，正确的使用方法马上就会自己跑到脑子里。

比如，汽车门上的车窗按钮、卫生纸上的虚线、易拉罐上的拉环、手机上的音量键，都有这个特点——上手就会用，完全不用人教。

所以，设计的根本，是设计者和使用者之间的沟通。你要把自己想表达的一切——这件东西是做什么的，怎么操作，都传达给用户。

靠什么传达？当然不是说明书，就像我们前面说的，一般人要和两万多件物品打交道，假如每个都配说明书，就算一本说明书只有100个字，加在一起也要200多万字，根本记不住。

所以，产品和用户之间的沟通，依靠的其实是一个比文字更古老，而且根本不需要记忆的东西，那就是本能。

你的产品要在设计上调动起用户的本能，让他意识到正确的使用方法，而且还要让他避开错误的使用方法。

比如一扇门，外侧是推，内侧是拉。假如内外两侧设计成一样的把手，那开门的人就有一半的机会犯错。但是如果内外的把手设计的不一样，比如设计成横的是推，竖的是拉，就会更好一点。或者在门开合的推的位置，贴一片不锈钢，示意你可以在这个地方推，也会更好一点。

再比如说，我们进酒店客房，马桶边的卫生纸一般要折成一个三角形的头儿，目的就是在没有说明书和服务员的情况下，告诉客人，这个房间是打扫整理过的，卫生间没有人使用过。

这就是设计的语言。

在诺曼看来，假如你面对一个产品的时候，不会用或者用错了，那不是你的问题，肯定是设计的问题。而且凡是不看说明书就搞不懂的，都不是好设计。同样，必须贴上警示标语，提示用户禁止怎样怎样的，也不是好设计。

后来因为此书，那些不好的设计，人们就给它起了一个名字叫"诺曼"，就是书的作者唐纳德·诺曼的"诺曼"。

比如说，不知道怎么打开的门，就叫诺曼门；令人迷惑的电灯开关，叫诺曼开关；无法弄明白的淋浴控制器，叫诺曼淋浴控制器。以后，你要是遇到了糟糕的设计，也可以这么称呼它。

那么接下来，我们说点更实际的，一个好设计到底该怎么实现？我和用户沟通，到底沟通个啥？

《设计心理学》里说了，沟通的要点有四条。

第一条，叫示能。

顾名思义，就是展示功能，别人一看到你的设计，就能马上反应过来——它是啥？怎么用？

至于错误的用途，自动屏蔽，根本就不会出现在脑子里。当然，也不能排除，即使你把功能交代得清清楚楚，使用者还是会手滑误操作。

所以，沟通的第二个要点，就是约束。

也就是我不想让你做的事情，你根本就做不到。比如，用Word打字，当你在没保存的情况下，直接点击右上角的关闭按钮，是关不掉的。

设计者会弹出来一个提示，上面只有三个按钮——保存、不保存、取消。这就意味着，是否保存，你必须亲自做一个决定。你不可能越过这一步，直接退出。

再比如，有一台机器，一共10个零部件。假如随便组装的话，能演化出10的阶乘——也就是350万种组装方法，这显然不现实。

所以，每个零部件上，其实都有一些特殊的设计，让它只能跟某个特定的部件，按照特定的顺序组装在一起。比如，这个螺丝只能安在那个螺帽上，10个部件相互锁定，谁都不可能站错位置。

也就是说，设计者有一项使命，要把用户错误的选项全都锁住，那么正确的答案就很容易选出来了。这就是设计的第二个要点，约束。

设计沟通第三个要点，叫映射。

也就是产品设计要映射出我们约定俗成的习惯，把现实生活中的经验模拟到一个虚拟的世界里。比如，电脑上的文件夹，其实计算机里面的文件都是散着放的。但是为了让你看着方便，所以才设计出了文件夹这个东西。

在这个约定俗成的框架里，还要明确产品的每个操作，会映射出什么样的结果。比如手机的音量键，我们一看就知道，按上边是提高，按下边是降低。

当然，假如换一个环境，就要根据当地的风俗改变设计。比如我们中国人习惯说上下五千年，总觉得身后是过去，眼前是未来。但是有的地方就不一样，南美洲一个叫艾马拉的印第安部落，就管未来叫"背后的日子"，说的时候还会用手指指身后。

所以要建立正确的映射，就必须搞懂使用者的习惯。

沟通的第四个要点，叫反馈。

也就是用户的每一个操作，都要第一时间得到一个清晰的反馈信号。说白了，事事有回音，你得靠谱。

即使用户的要求你一时半会儿做不到，你也得告诉他。比如程序里的进度条，它其实就是在说，你知道为了你，我有多努力吗？再等一下下吧。

还有我们经常用的滴滴打车，司机收钱时的那个硬币的声音；还有看电子书时，纸张翻页的声音等等，都是为了让你的操作，得到习惯的反馈。

　　介绍了《设计心理学》说的，设计的四个要点。其实我们细心观察会发现，哪怕是一件再简单的工业设计品，都遵循这四点。

　　因此，一项看似简单的设计，其实也包含着很多原理。

画廊的秘密

画廊看中了一个艺术家，会资助他们生活，长期经营他们的全部作品。这相当于一个长期价值投资游戏，艺术家名气越大，作品价格就越高，早期收藏的画作也能卖出更高的价钱，最后产生的更高价值再在艺术家和画廊之间分配。所以他们挣的是长线的钱。

有一本书叫《艺术品如何定价》，作者是荷兰阿姆斯特丹大学的艺术教授奥拉夫·维尔苏斯。

这本书本质上不是一本商业书，当然更不是一本艺术书，它其实是一本社会学书。也就是说，作者是把艺术当作一种社会现象来讨论的。

这就有意思了，一件艺术品的定价，不是像我们平常看到的那种一手交钱一手交货的普遍交易，它是一个供给和需求都非常小的社会网络。要是不理解这个网络运行的规律，你是没有办法理解它那些交易的实质的，当然也就理解不了一件艺术品的定价。

这是一个什么网络呢？按照这本书里的描述，它其实是一个艺术家的培养机制，而不是一个艺术品的生产机制。

我们先来看一个细节。虽然当代艺术画廊有不同的规模和装修风格，但是几乎所有的画廊在空间上都可以分为前厅和后厅两个部分。这里面就有学问了，前厅陈列的作品，就和在博物馆里的一样，从来都不会贴上价格标签，也没有收银台。也就是说，画廊的"商品"没有明码标价。

尽管1988年纽约市开始要求画廊明码标价，但这项规定遭到了画廊业的集体抵制，很多老板宁可交付罚金，也不愿意在画作旁贴上标签。他们不仅不愿意贴价签，甚至不会开口谈价格。如果你在画廊前厅向工作人员咨询价格，他们一般只会告诉你价格还没定。

但是，如果你被请到了后厅，那就不一样了。这里面有舒适的座椅、会议室、大办公桌，还有价格清单，签合同、付款要用的电脑、传真机和复印机也是一应俱全。后厅才是做买卖的地方。

艺术品交易，本质上是在一个社会网络内部进行的，你有没有资格被请入后厅，能不能把这件事背后的商业面目暴露给你看，是看你有没有加入艺术品交易的关系网络。没加入网络，买卖是不大容易做得成的。

这个网络的核心就是画廊。

首先，我们需要了解一个画廊交易的常识。当代艺术品的交易分为一级市场和二级市场两种。一级市场出售的是当代艺术家的新作，也就是说，这些作品是第一次进入交易，而二级市场则交易已经被出售过一次甚至多次的作品。

那你猜，画廊老板更希望参与哪种交易？表面上看，二级市场的艺术品，因为已经进行过一次买卖了，已经有了基础定价，所以这个交易相对安全。而且画廊老板对艺术品的价值判断通常总会比买家准。俗话说，只有错买没有错卖，所以利用信息不对称，很容易赚到差价。那么画廊老板应该更热衷于这种生意。

可是事实恰恰相反，画廊老板虽然也做二级市场交易，但是他们通常非常谨慎，就是参与了也要尽可能避免让人注意到。因为画廊老板在这个艺术品交易网络里面的定位是"艺术保护人"，是艺术家的朋友、银行家甚至是保姆。

整个过程大致是这样的，画廊看中了一个艺术家，会资助他们生活，长期经营他们的全部作品。这相当于一个经纪关系，艺术家名气越大，作品价格就越高，早期收藏的画作也能卖出更高的价值，最后产生的更高价值再在艺术家和画廊之间分配。所以他们挣的是长线的钱。

如果参与二级市场交易，只要画廊老板挣到钱了，那只能证明赚了差价，要么欺负了客户，要么欺负了艺术家。无论哪个原因，都会有损他作为"艺术保护人"的声誉。声誉这个事，对于小圈子，对于紧密的网络来说，是比现金更珍贵的东西，更牵涉到长期的利益。

那画廊老板更需要什么样的顾客？是那种一旦买了画，在动机上就不打算把它卖掉的人。也就是那些收藏家，甚至是博物馆，画廊更倾向于把艺术品卖给他们。所以才搞出前厅后厅、自己人和外行之间的那种区别对待。

因为画廊老板玩的是一个"长期价值投资"游戏，他更希望看到的是一个艺术家的不断成长，他作品的价格节节攀升。知名收藏家或者博物馆收藏了这幅画，本身就是对艺术家价值的肯定和背书，有助于艺术家市场价值的成长，所以他们当然是好顾客。

如果卖给土豪或者专业的低买高卖的中间商，就难免会引起艺术作品价格的剧烈波动，这对画廊老板的艺术家长期价值投资游戏是有破坏性作用的，他们当然不乐意。这倒不是说他们很高尚，他们是商人，也是要赚钱的，但是这个行当里的价值产生方式，主要是艺术家和作品的增值，而不是赚差价，所以才会有这样的行为方式。

我们都知道凡·高一辈子一张画也没卖出去过，所以我们会很惋惜。这也是事实，但是我们没看到这张网络的其它部分。事实上，凡·高的弟弟就是画廊的老板，他和凡·高之间也是这样一个"长期价值投资"游戏。凡·高生前就是靠他的弟弟养活的。后来凡·高的画作价格高企，证明这个投资游戏是非常成功的。只不过他没有活到后来，没亲眼看到这个游戏瓜熟蒂落的后半段而已。

你可能又会觉得奇怪，那为什么不干脆排斥外人的进入，搞成一个小圈子俱乐部不就行了吗？为什么还要开个像商店一样的画廊，搞前厅后厅？为什么还要有二级市场，甚至还有外行人也可以参与的拍卖会？原因很简单，艺术品市场不是一个社会孤岛，它还是需要整个社会的财富来对这个市场进行输血，对冲它的风险。

正因为有二级市场和外行土豪买家，那些专业的收藏家才会放心买入艺术品，虽然他们在动机上没打算要卖，但是万一因为自己财务状况波动要卖，有二级市场，会让他们在买入的时候更有胆气。

就像巴菲特说自己只做价值投资，倾向于持有一只股票很长时间，但是如果没有那些随时能交易的散户，巴菲特手里的股票不可以随时变现的话，他的价值投资策略是不可能孤立存在的。

《艺术品定价》这本书给我的最大启发是，每一个行业都有它公众的一面。这一面，往往都是经过了有意无意的包装之后呈现给公众，再经过公众有意无意的误解，最后成为我们看到的样子。但是，只有你深入到它的关系和利益网络中，你才能理解一个行业的真实逻辑。这就是求知的乐趣所在。

有什么样的媒体就有什么样的信息。媒介一变，信息就变了。

电影这个物种

在电影院里播放的视频和在家里播放的视频，播放环境一变，其实压根就是两个物种。

有一种说法很流行，说"电影已死"。这可不是一件小事。最近几年，大量资本投入到电影行业，而且很多年轻人还有一个电影梦。电影业如果真的不行了，牵扯到很多人的未来。

为什么会有这种言论呢？首先，大家的时间越来越宝贵。去看一场电影，连来带去三个小时，万一看了一部烂片，时间成本就非常高了；第二，家里电视越做越大，甚至家庭投影也开始普及，观影体验已经不亚于电影院；第三，最近几年，优质的电视剧层出不穷，它们是不是可以替代电影呢？

我们先不去谈电影是不是真的危险了，我们要反问一个问题，电影作为一种艺术表现形式，它的独特性到底在哪儿？它和在家里看的电视剧到底有没有区别？

这个边界其实很模糊。有人说，电影都是大场面、大制作，但是现在电视剧的制作也不小啊，比如美剧《权力的游戏》，单集成本达到了1000万美元；有人说，电影是用胶片拍的，电视剧是用数字摄影机拍的。但是现在的电影也经常用数字摄影机，而且画面效果和胶片几乎没区别。

那电影和电视剧的界限是不是越来越模糊了？电影是不是没有存在的必要了？

最近，我读到了一篇文章，是一位美国的电影制片人麦克莱安写的，里面的观点让人豁然开朗，看完之后我才明白，电影和电视剧真的是完全不同的物种。

先从一个事件开始说起，就是上一次的美国编剧大罢工，从2007年11月5号到2008年2月12号，持续了整整一百天。一万两千名编剧放下手头的写作，上街示威游行，要求提高自己的待遇。好莱坞的工会很厉害，在罢工期间假如发现有哪个编剧偷偷写剧本，就立马把他踢出编剧协会。

这次罢工严重到给美国娱乐界造成的直接损失就超过20亿美元，还不算一些周边的广告收入。但是这次罢工对电影和电视剧产业的冲击是不一样的。编剧罢工，对电影的影响顶多是推迟拍摄，但对电视剧的打击几乎是致命的。

2008年的好莱坞电影似乎还不错，但美剧就扛不住了。当时热播的《实习医生格蕾》《迷失》《绝望的主妇》《24小时》等，不是缩短集数就是草草收尾，甚至干脆停播。因为美剧是边拍边播的，整个机制运转的核心就是编剧。

按照文章作者麦克莱恩的说法，这是因为电视是一种以对话为导向的媒介，所以在电视创作中编剧为王。电视剧往往都是话痨，讲故事主要靠说，要是没了编剧写的台词，故事根本就没法往下讲。

这也正是电视剧区别于电影最重要的特点之一，叫作编剧中心制，所有人都要围着剧本转，编剧怎么写就怎么拍。

但是在电影里，情况就不一样了，因为影像传达的信息和对话一样多，甚至更多。电视剧中可以有片刻的沉默，但长时间的沉默是绝对不行的。同样，过于深奥或者意思模棱两可的对话在电视剧中也不行。换句话说，对于电视剧来说，剧本就是最终产品的蓝图。

而对电影来说，剧本只是一个起点，创作需要超越剧本，才能使之成为电影。所以我们可以看到，很多电影是靠视觉而不是台词来讲故事的。

比如《辛德勒的名单》，这是一部有名的黑白电影。但是男主角在纳粹屠城的时候，却在街上看到了一个穿红色衣服的犹太小女孩，这是影片中唯一的色彩。小女孩独自一个人走在大街上，周围是纳粹正在逮捕和射杀犹太人。男主角的视线一直盯着这个小女孩，整个过程持续了整整两分半钟，背景音乐是一首温和的犹太童谣。

重点是，这段表达里没有一句台词，完全靠画面和音乐就把男主角感受到的冲击都交代出来了。尤其在电影院里，在立体环绕声中，童谣的吟唱声是非常具有戏剧性和空间穿透力的，再加上巨大的宽银幕，让这一点点红色变得更加突出。

反过来说，在电视剧里要是连续两分半钟没有台词，是不可想象的。这种不使用对话而使用视觉讲故事的方法，就是我们所说的"电影语言"，它只属于电影。

而电视主要都是中小尺寸的画幅，很难使用复杂的地点和景观。有一类电视剧叫情景剧，像《生活大爆炸》《老友记》《我爱我家》，只在室内拍摄，根本不需要拍摄外景。

所以，电视剧的关键是讲一个什么样的故事，但电影的关键是怎么讲故事。一旦剧情的多寡不再影响故事体验，才是真正的电影叙事，这种叙事在电视上是绝对看不到的。

第二个大的区别，就是电视剧经常用设置悬念的手法来吸引观众看下去。电视剧的情节不能非常简单或者平铺直叙，为了吸引观众连续观看，必须设置好情节点，而且要有很多逆转。通常电视剧会有多条情节发展的线索，不断给观众新鲜感。

但是电影就相对简单多了，比如《大白鲨》，故事其实就四个字"鲨鱼吃人"。"情节极简"，也正是电影区别于电视剧的重要一点。

这也决定了电影的中心，肯定不是编剧。那么是导演吗？也不一定。导演是从艺术的角度去创作电影，但是每部电影都是一件独立的商业产品，是要卖钱的。因此就需要一个既懂创作、能把握内容，又懂商业、能控制预算，还要懂发行、能把电影卖出去的人来对整部电影负责。这个人就是制片人或者监制，他们才是电影制作的核心。

了解了上面两点，你就知道，电影和电视剧看起来都是声画艺术，但是它们本质上是完全不同的两种艺术门类。

电影产业的巅峰时期可能已经过去，但是断言"电影已死"就有点太武断了。人类表达自己感受的那些艺术形式一旦创立，就会在人类精神世界里占有一个独特的位置。所有艺术形式都有可能衰落，但是从来没有一样真正死去。那凭什么说电影会死？

聊这个话题，其实可以引申到传播学先驱麦克卢汉的一句名言：媒介即信息。有什么样的媒体就有什么样的信息。媒介一变，信息就变了。在电影院里播放的视频和在家里播放的视频，播放环境一变，其实压根就是两个物种。

我经常提醒我的同事，不管你原来在哪里做内容，是在报社、电视台还是出版社，今天我们是在移动互联网的环境里做内容。媒介即信息，做内容的手法要变，评价什么是好内容的标准也要变。换手如换刀，旧经验不管用了。

纪录片——一个神奇的物种

我们经常以为，事实是一个牢靠的地基，我们在这个基础上，争奇斗艳花样百出地形成自己的观点。但是，纪录片这个小物种的命运告诉我们，我们脚下的那个事实的地基，其实摇摇晃晃。

最近，我跟同事聊起一个话题，什么叫纪录片？你可能会觉得这有什么可聊的，纪录片不就是以展现真实为目的，对现实素材艺术化加工的片种吗？它的核心就是两个字：真实。比如，《舌尖上的中国》讲的都是真人真事。真实就是这个小物种的边界。

但是，深入了解纪录片的发展经历，你会发现事情没那么简单。什么叫真实，怎么记录真实？这个问题从纪录片诞生的第一天起就是业界争论的焦点，而且直到近100年后的今天，这个问题从来没有被彻底解决过。

我们就来聊聊这个过程。

世界上第一部纪录片，是美国导演弗拉哈迪在1922年拍摄的《北方的纳努克》。那个时候电影诞生没多久，但是电影人脑子里有个清晰的意识，电影不应该只提供娱乐，还应该给大家看一点平时看不到的真实世界。好不容易有了这样的技术，这个技术得发挥作用。这就是纪录片诞生的初心。

那美国人平时看不到什么呢？导演一想，北极的因纽特人日常是怎么生活的，这个平时看不到。于是就去拍这个内容。第一部纪录片《北方的纳努克》，片名中的北方指的是北极的格陵兰岛，而纳努克就是岛上的一个因纽特人的名字。全片展现的就是纳努克在冰原上和恶劣气候做斗争的生活片段，包括怎么用冰块盖房子，怎么用干枯的海苔生火，怎么用鱼叉之类的原始工具猎捕海象，等等。

你可能会觉得奇怪，这不就是再平常不过的生活片段吗？只要拿着摄影机对着拍不就得了，它怎么可能不真实？

事情没那么简单。拍纪录片离不开摄影机，这意味着不光要找到想拍摄的对象，他所在的场景还必须得符合拍摄需求。假如不符合，就只有两个办法解决，要么放弃，要么想办法让它符合。

比如，弗拉哈迪在拍摄时发现因纽特人居住的冰屋很小，老式摄影机很笨重，根本要不开。于是，他请纳努克号召全村人一起重新造了一个大出两倍的冰屋。建好之后，摄像机就能放置进去了。可是摄像机放置进去之后他发现，虽然冰块是透明的，其实挡住了光线，黑黢黢的，什么都拍不了。于是他又拆掉了屋顶。后来，纳努克睡觉、起床、吃早饭，全都是在这个没有屋顶、充斥着刺骨寒风的屋子里演出来的。

再比如，影片有一幕高潮是纳努克猎捕海象。为了拍这个场景，他们走了整整一天。等找到海象时天已经快黑了，根本达不到拍摄要求。摄制组只好匍匐在海象附近的雪堆里，等待天亮。而且这一夜挺折腾，他们还得根据风向不停变换位置，因为假如待在上风处，风就会把人的味道吹到海象附近，海象就会警觉。

类似的情况直到今天仍然存在。比如，著名的纪录片《舌尖上的中国》里大部分素材都是平常老百姓做菜。那么这些菜是他们真的要吃所以这么做，还是因为要配合摄制组的拍摄，所以特地做的？观众心知肚明，肯定是后者。那么这些场景你说它是真实的吗？它毕竟是演出来的。可是你说它是虚构的，里面的人物又真实存在。

这个问题刚开始很困扰大家，但是后来大家也想开了，要想拍出好片子，不演是不行的，那就光明正大地演吧。于是出现了一个新词，叫"非虚构搬演"。比如你要拍一部叫《汉武帝》的纪录片，现在通行的做法是找演员演汉武帝和周边的人，这个片子才能成型。

那么怎么记录真实，这个问题解决了吗？很可惜，并没有。这个行业还要面对第二个难关，就是人性层面的真实。而且到这一步，已经不是这个行业的问题了，它已经撼动了我们所有人的一个基础认知，那就是到底什么叫真实？

所谓人性层面的真实，指的是一个人在面对摄影机时，展现出来的到底是不是真实的自我？纪录片领域有个著名的假设，说的是当摄影机对准一个人的时候，只要他意识到你在拍，即使你不提任何要求，这个人的行为也会因为你的拍摄而发生改变。换句话说，你以为你在记录真实，但当你拿起摄影机的那一刻，就已经在干预真实。

比如，现在我饿得不行，正在狼吞虎咽的吃东西。突然有人拿着手机拍我，我能继续狼吞虎咽吗？我还是得换个优雅的吃法或者对着镜头比个剪刀手？所以你看，你选什么并不重要，重要的是，当摄影机对准你的那一刻，你就已经产生了选择的意愿。我的内心已经发生了改变。传播学上管这种现象叫聚光灯效应，就是一个人在聚光灯下和平时自己待着的时候，他的表现完全不是一回事。

这种现象可不仅仅出现在拍吃饭这件事上。举个例子，法律界对这种效应是非常警惕的。法庭上应不应该允许电视直播？早期是允许的，但后来就不行了，因为看起来摄像机是一言不发地在那里忠实记录法庭上发生的事实，但是只要在场的所有人，无论是原告、被告还是律师法官，甚至是法警，只要他们意识到这台摄像机的存在，他们的所有表现都一定会变形扭曲。会不会有人把法庭当作宣传自己思想的舞台？律师会不会不专心辩护，在法庭上炫技？法官会不会担心舆论压力丧失公正立场？所以，美国的大法官苏特曾经说过，摄影机坚决不能进入法庭，除非从他的尸体上踩过去。

那隐藏摄像行不行呢？很遗憾，还是不行。因为这又牵扯到纪录片的第三个问题，那就是伦理问题。

伦理这个问题看起来很好解决，我做好人就行了，但是在纪录片这个行当，记录真实和符合道德，这两个要求有时是互相矛盾的。比如，面对一个要自杀的人，你是要救他还是记录他？面对一场争吵，你会因为担心伤害当事人而回避，还是会记录下来放给所有人看？这样的场景和问题在纪录片的实操领域太多了。比如，拍摄性工作者是很热门的主题，容易获大奖，但是几乎所有的拍摄都没有征得当事人的同意就进行了拍摄。这些片子都把保护性工作者的权益当作口号，但是结果无一例外，严重地伤害了当事人。

纪录片的使命是呈现真实。但是，是不是所有的真实都应该被呈现，这本身又是一个问题。

其实最近两年，我一直在想一个更新的问题，就是摄影机镜头还能记录真实吗？比如你来我们公司拍纪录片，能拍到什么呢？桌椅板凳、电脑、会议室。我们公司的事实是知识形态的事实，摄像机无法用画面记录下来。这个世界越来越多的事实是以人的思想、交流等方式存在的，能指望摄像机镜头记录下来吗？所以，下一代纪录片该是什么样的呢？这又是一个新问题。

我之所以唠叨纪录片，是因为我硕士研究生学的专业其实就是纪录片。今天回头看，这个行当真是十分纠结。

每一个行业都有自己明确的目标，所有的行业都会因为行业的努力距离这个目标越来越近。而唯独纪录片这个行当好像例外，不管怎么努力，都从来没有真正接近过自己的目标。每当它觉得自己接近了记录真实这个目标的时候，真实就变了，就会远离它，就会呈现出更多的层次、更多的复杂性。

聊这个话题，其实是想表达一个我自己的小感慨：

我们经常以为，事实是一个牢靠的地基，我们在这个基础上，争奇斗艳花样百出地形成自己的观点。但是，纪录片这个小物种的命运告诉我们，我们脚下的那个事实的地基，其实摇摇晃晃。那建立在它基础上的观点，我们把它说出来的时候，难道不应该谨慎和谦卑吗？

什么样的恐怖片最吓人

什么样的恐怖片最吓人？越颠覆你认知秩序的恐怖片，就越恐怖。

万圣节的时候，我跟同事聊起一个问题，恐怖片为什么那么吓人？

有人说，是因为视觉因素，恐怖片里有很多样子可怕的妖魔鬼怪、变态杀手。但是你看哥斯拉，样子是不是比妖魔鬼怪夸张得多，为什么不可怕？也有人说是因为情节，主角总有一堆可怕的遭遇。但是在战争片里，人们的遭遇要惨烈得多，我们并不觉得害怕。还有人说是未知，恐怖片里经常出现超自然现象，因为不了解，所以恐惧。但是科幻片的未知因素岂不是更多，为什么不恐怖？

那么，到底什么是恐怖片呢？恐怖片其实遵循着一套核心算法，叫颠覆底层秩序。

我们心里对这个世界，不管是视觉、听觉还是心理，都有一套基本的认知秩序，你也可以把它理解成因果关系。一旦这个秩序被打破，你就会觉得特别恐怖。

我们可以举几个例子。比如视觉上，假设恐怖片里有这么一个画面：夜晚，你走在漆黑的走廊，看见一个姑娘背对着你，有一条长长的辫子。当你走近时，她突然转身。请问，看到什么你会觉得最害怕？不是惨白的面孔，不是鲜血淋漓，而是当她转过身时，你发现，正面还是一条长长的辫子。

是不是挺瘆人的？假设这个姑娘一回头，你发现她不是地球人，而是外星人，总之是超出你认知范围的东西，你还会觉得害怕吗？你的恐惧情绪肯定会降低不少。

这就奇怪了，恐惧既然源于未知，那么你对外星人的未知程度肯定要高过一条辫子。为什么辫子引起的恐惧要超过外星人呢？因为辫子的出现符合恐怖片的核心算法，它颠覆了你心里的底层秩序。

首先，你的认知秩序是，辫子的背面应该是张脸。就算她长得再惨不忍睹，也好歹是张脸。这是最基本的规律，一旦它被打破，换成了辫子，就吓人了。那么为什么换成外星人就不觉得恐怖呢？那是因为外星人从一开始就不在你的认知秩序之内。没有对象，没有靶子，又哪来的颠覆？

这是视觉上的颠覆，还有因果逻辑上的颠覆。比如，有一部很著名的日本恐怖片叫《午夜凶铃》。里面的情节是，有一部录影带，凡是看过的人都必死无疑。看完这盘录影带七天之后，就会有个叫贞子的女鬼出现在他家电视机上，然后从电视机里爬出来，把人杀死。这是一个死结，谁都化解不了。仔细观察一下这个情节，你会发现，每一个环节都在颠覆你内心的基本秩序。

首先，在大多数故事里，有因才有果。俗话说，不做亏心事，不怕鬼敲门。一个人被妖魔鬼怪盯上，一定是因为干了坏事。退一步，就算是个好人无辜枉死，也一定会有法师来降妖除魔。正所谓善有善报恶有恶报，这是最起码的因果秩序。但是在《午夜凶铃》里，这个规则被颠覆。不管你是好人坏人你做了什么，只要看了录影带，对不起，算你倒霉。

其次，故事的世界里有个倾向，就是万事都有解决方案。不管情况多糟，哪怕是灾难片，世界毁灭，也总会有转机出现，希望的火种总不会彻底熄灭，这是听故事的人的基本预期。但在这个故事里，厄运完全无解。谁撞上都只能等死，这又是一个颠覆。

最后再看看细节。假设在故事末尾，贞子不是从电视机里爬出来，而是突然出现一个虫洞，她坐着飞船出来，不但不恐怖，反而很可笑。因为虫洞和飞船离我们的日常认知太远了。但是电视是我们都熟悉的，而且我们很确定，里面的东西不可能爬出来。一旦这层心理秩序被打破，恐惧也就迅速袭来。

那么，什么样的恐怖片最吓人？它颠覆秩序越是处在底层，在你的认知里扎根越深，就越恐怖。在大名鼎鼎的科幻小说《三体》里，有这么一个情节。一个物理学家自杀了，原因是，外星人用一种技术，干扰了她的物理实验。以往的物理定律，在实验中统统不奏效了。比如击打一颗台球，球一定会顺着作用力的方向飞出去。但是，外星人一干预，结果就变得无法预测了。有时是随着击打，台球上升，有时是变成两颗球，有时是变成一朵花。这颠覆了一个物理学家最基本的认知秩序。她承受不了这种恐惧，最终自杀了。

我们中国人有时候看西方的恐怖片，其实并不觉得恐怖。比如驱魔题材的电影，咱们看着并不吓人，为啥？这也是因为，我们心里缺少被颠覆的对象。在这些故事里，被颠覆的对象是基督教的信条。恶魔的种种行为，已经越过了他们根深蒂固的信仰体系，所以西方人才觉得害怕。

好，咱们先把这个高能的话题放一放。说到这，你估计已经发现了。其实很多故事，都在遵循着一套核心算法。这套核心算法，是基于我们心里最底层的秩序，然后在这个基础上，施加一系列的作用力。这是好故事的共同特征。

比如，好莱坞有一个片种叫黑帮片。不是有黑帮分子的片子都叫黑帮片，比如我们也看过很多以黑帮为题材的香港电影。其实大多数都是发生在黑帮里的枪战武侠片。它们遵循的是武侠世界里的算法，锄强扶弱，惩恶扬善。这种电影里一个好人要对一个坏人出手，一定是他已经掌握了确定的证据，把罪证坐实了。让你确定，这个坏人罪有应得，然后才开始故事。从起点的因到终点的果，这个逻辑链非常清晰。这个底层心理基础，是咱们中国文化特有的武侠文化。

而好莱坞的黑帮片不同。

它的底层心理基础是信任。在我们的传统认知里，信任往往是有前提的。比如对方是你的亲人朋友，或者是他公认人品好。总之，这些信任都是有条件的。

黑帮片的核心算法，就是改写这个基本认知。把有条件的信任，变成无条件的信任。无条件信任，这就是黑帮片的核心算法。比如在一部很著名的电影《教父》里，开篇有这么一段剧情。一个人来找教父，也就是黑手党家族的头目。他跟教父说自己受到不公正的待遇，被人欺负了，希望教父替他讨个公道。教父二话没说就同意了。并且告诉这个人，这个忙我帮定了，我会把这份正义还给你，相应的，你欠我一个人情。

你看，整个对话中，教父没有做任何考证。他跟这个人的交情不算很深，而且保不齐是这个人欺负了别人。但教父却没有表现出怀疑，而是无条件信任。无条件的信任，这是生活中没有的东西，这就是黑帮片的魅力的源头。

几乎所有的类型片，甚至可以说所有的故事，都一定是触及到了人心里的那种最底层的秩序。想要写一个好故事，就要找到这个秩序，找到反差，做出改写，一个好故事，就这么诞生了。

间接后果

很多新事物出现的时候，总会有人说，这和我没啥关系。果真如此吗？

　　有一本名声很大的科幻小说，叫《三体》，我估计很多人都看过。书里有一个观点，叫"接触符号论"。大概意思是，只要外星人一出现，他们还只是个符号，但不管他们是友好还是敌对，都会让人类文明产生分裂。

　　书里具体是这么写的：当人类发现三体人要入侵地球，人类就分成了两派：一个是拯救派，另一个是降临派，一派欢迎，一派不欢迎。结果是三体人还没到，这两派就已经势不两立了。

　　这是不是和以前的科幻片不一样？

　　比如《外星人E.T.》里，外星人是友好的，我们就和他做朋友；《独立日》里面的外星人，想占领地球，我们就拿起武器捍卫家园。总之，人类对外星人是见招拆招，做朋友也行，打仗也奉陪。外星人对人类的影响，取决于他们要干什么。

　　但是《三体》里的"接触符号论"不太一样，它认为外星人对人类的影响，不取决于他们想干什么。只要外星人出现，他们还是一个符号，只要人类普遍接受了这个事实，外星人什么都不用干，就会使人类文明出现分裂，人类自己就会打作一团。

当然了，这只是科幻小说里的一个假设。但是它说出了一个非常重要的逻辑，就是一个新事物起作用的方式，不一定是直接的。它表面上的功能当然会引发一些后果，但是影响更大、更深远的，也许反倒是这个新事物引起的间接反应。

接下来，就拿我比较熟悉的媒体来举例子。

媒体，我们通常理解就是用于传播信息的。传播信息主要就是两个指标，第一是传播的带宽，也就是信息量；第二是传播的速度，也就是效率。不管多先进的媒体，也无非就是把更多信息传播得更快而已。但是，在实际的历史进程中，信息传播工具的每一次迭代，都会引发间接的社会后果，而且影响要深远得多。

我们来一个个看。

在报纸出现之前，公众舆论这个东西是不存在的。因为民间想传播一点东西，主要就靠说，但是声音能传多远？而且说的内容经过七嘴八舌一转述，肯定会面目全非。所以人们很难大范围地普及一个观点，更不可能就一个问题达成广泛的共识。

但是，有了报纸之后就不一样了。报纸是17世纪初在欧洲普及的，没过几年，欧洲就出现了启蒙运动。这很大程度上是因为人们可以通过报纸，把自由、平等、民主等等观点写在纸面上，再分发到各个角落，然后达成大范围的共识。这不就是公众舆论的源起吗？

有了公众舆论，民间力量的集中爆发就成为可能。所以有历史学家就说，法国大革命，乃至后来一系列革命的爆发，就是有报纸的结果。

但是报纸也有局限。首先，你得认字吧；其次，你得在城里，因为当时的报纸在乡下是订不到的；最后，你还得有钱买报纸吧。报纸当时是属于精英阶层的东西。

后来，当广播出现的时候，带来的是又一次信息爆炸。

因为和报纸比起来，广播传播的门槛更低了。不识字、没钱买报纸都没关系，你甚至都不用看，一边干活一边听也行。这么高的渗透效果，肯定会有人利用它来搞事情。

希特勒用它搞事情，搞出了纳粹独裁政权。罗斯福也用它搞事情，搞出了温暖一代美国人的"炉边谈话"。无论是做好事，还是干坏事，广播都提供了一种空前强大的社会动员工具。

不过没多久，又出了一件新东西，就是电视。电视带来的改变，表面上看不就是有了图像吗？其实远远不止于此。

首先，电视催生了大众文化。不管是书籍、报刊还是小说，都是书写文化，不同类型的读者很容易被分割，比如写儿童读物用的是小孩语言，写女性小说用的是女性语言。这种阅读文化下，女性往往对男性读物没什么兴趣。这么一来，男女之间即使有着相似的教育水平，他们所接受的信息也大相径庭。

但是电视老少男女皆宜，电视兴起后，所有的人接受相同的信息，看同样的电视剧，喜欢同样的明星，整个社会谈论同样的话题，就出现了文化混同的现象。看过春晚的人都懂，什么叫电视对一个社会的整合作用。

还有更重要的一点，就是"被观看"成为了一门大生意，这就对很多产业有了重大影响。举一个例子——奥运会。

其实早期的奥运会是禁止职业运动员参加的，因为职业运动员指的就是那些以体育比赛为生的人，参加比赛是为了挣钱。奥运会禁止这些人参加，根本上是为了强调一种纯洁的竞赛精神。那这个情况为什么会发生改变呢？根本原因就是电视的出现。

因为有了电视，看奥运会的人越来越多，它的影响力越来越大，观众的需求也越来越重要，这就产生了三个后果：

第一，运动员训练越来越专业化，政府就得给运动员发钱作为补贴。这时大家都从中挣钱了，所以再谈业余还是职业已经没有什么意义；

第二，观众想看最精彩的比赛，所以最终还是得允许职业运动员参赛；

第三，药检越来越严格，但是依然防不胜防。因为在商业化时代，赢得比赛的诱惑实在太大，体育道德出现了严重的危机。

这些后果，都是电视引发的间接后果。

电视之后，互联网的出现带来的改变就更大了，而且大多都是我们说的这种，和媒介表面的特性没啥关系，是一系列间接后果。总之，很多新事物出现的时候，总会有人说，这和我没啥关系。果真如此吗？

　　按照《三体》里面讲的"接触符号论"，它不用跟你有直接的关系，但它是一个大家都接受的符号，就很可能会让你的生活从此天翻地覆。

我们要警惕一切人类对自己行为的解释。

第 **5** 章

社会百态

人类为什么会养猫

很多小动物都很可爱，熊猫、兔子、狗都很可爱，但是没有一个能像猫这样，把所有"像婴儿"的要素集于一身。

最近我看了一本书，叫《人类"吸猫"小史》。书里回答了一个问题，一个我从来没有想过的问题：人类为什么会养猫？

你可能觉得这还用说吗？猫可以抓老鼠，保护粮仓，我们不就是因为这个才驯化了猫吗？这确实是我们最常听说的说法。在大概一万年前，人类在两河流域定居，开始进入农耕文明，囤积的粮食引来了老鼠。人类发现猫可以抓老鼠，这才把它养在身边。

猫会抓老鼠，这没错，但是也有疑点。人和狗的合作，是一个良性循环。狗在食物上越依靠人类，就越要给人类干好活，比如看门、打猎、当朋友，见到人摇尾巴。所以狗和人是越合作越紧密。

可是猫不一样。猫和人的合作，如果是基于抓老鼠，这个合作不是一个良性循环。猫的食谱非常宽，鸟、鱼、兔子、蝙蝠、蜥蜴，甚至素食它都吃。人类把猫养在身边，就得提供吃的。可是人提供了食物，猫吃老鼠的愿望肯定会大大降低。猫又不傻，有容易获得的食物，自己为什么还要费劲呢？

如果养猫是为了抓老鼠，从长期来看，这个手段和目的是相悖的。人和猫的关系越紧密，结成这个关系的必要性就越低。那猫和人是怎么一起混了一万年的呢？

事实上，美国一个农业协会的调查发现，即使在老鼠很多的乡村，猫抓老鼠也并不积极，只有三分之一的猫在抓老鼠。所以在很多有猫巡逻的农场，还是老鼠横行。更不要提城里人养的猫了。猫基本上都不会抓老鼠。

还有一个疑点，驯化是什么？本质上就是人类选择代替了自然选择。人类是通过干涉动物的交配来选择自己要的性状。比如说狗，根据人类需要，我们介入它们的生殖过程，所以就有了各种各样的狗，负责打猎的、负责导盲的、负责卖萌的。所以狗的体形差别特别大。

但是猫呢？虽然也有不同的品种，但是大体上没有什么区别，也谈不上功能分化，因为人对猫的交配控制力很弱。

我特地问了懂猫的同事。他们的回答是：猫有特别强的领地意识，突然把两只陌生的猫关在一起，哪怕一公一母，哪怕母猫在发情期，它们也得打起来。就算我们循序渐进，先让两只猫慢慢熟悉，然后慢慢靠近，但只要它们其中有谁没瞧上对方，那也是见一次打一次。一个坚持"自由恋爱"的物种，我们人类其实谈不上驯化了它。

人和猫的关系还有一点奇怪。狗和人类的关系是典型的主仆关系，人提供保护和食物，狗提供服务和忠诚。但是猫不一样，养猫的人自称猫奴，称猫是猫主子。虽然是开玩笑，不过还是说明了人和猫的主仆关系好像不是那么分明。你看一眼猫对人的那种爱搭不理的神情就明白了。

现在全球范围内有大概6亿只家猫，是狗数量的3倍，可见人类更喜欢猫。在网上，关于猫的内容还更容易被转发。根据Facebook和Twitter的统计，有关猫的内容转发量，大概是狗的两倍。

所以这就奇怪了，人类到底为什么要养猫？答案不是"为了抓老鼠"那么简单，需要另寻解释。

《人类"吸猫"小史》这本书就提出了一个观点，说这是因为猫恰好触动了人类会觉得"可爱"的所有开关。你可别觉得"可爱"很简单，"可爱"其实是一组特殊且强大的物理特性。动物行为学的开创者洛伦茨就曾经说，这个特性叫作"怜幼触发特质"。猫的外表特征，天生长得就像人类的婴儿，它的外形会触发我们释放荷尔蒙，让我们像爱小婴儿一样爱它。

很多小动物都很可爱，熊猫、兔子、狗都很可爱，但是没有一个能像猫这样，把所有"像婴儿"的要素集于一身。

咱们来详细数数。比如猫的体格，平均4公斤，抱着猫和抱人类新生儿的感觉差不多。猫的叫声，能让人联想到小孩的哭声。有研究还表明，在进化历史上，猫可能有段时间有意调整过自己的发声，就是为了能更准确地模仿人类小孩哭。人一听猫叫，马上爱心泛滥。

再比如说，猫是食肉动物，为了撕裂食物，它们进化出了短小有力的下颚，这让它们的脸是甜甜的圆脸。我们人类当然更喜欢圆脸。它们依靠视力而不是嗅觉捕猎，所以鼻子是小小的，这也符合人的特征，这就比大部分狗更可爱。

最大的秘密还在于猫的眼睛。猫的眼睛非常大，成年猫的眼睛和人类的差不多大，大眼睛在一张小脸上就显得格外水灵。不信你去看看那些漫画，动漫里的人物，眼睛的面积通常要占到面部的三分之一。真要在现实中看到这样的人，那得吓死，会像怪物。但是在动漫里只有这么画，才觉得好看。你养一只猫，就相当于养了一个活的动漫婴儿。

而且猫眼睛的构造也和人类相似，这非常重要。你会发现，一般动物，尤其是食草动物，比如兔子、马，它们的眼睛都是长在脑袋两侧的。这是为了视野能更开阔，更好地观察周围的情况，万一有捕食者好逃跑。

但是猫不一样，它们在进化史上就一直是最好的埋伏型猎手。它们为了能扑倒快速移动的猎物，必须有精准目测距离的能力，它们的眼睛能迅速聚焦。这种能力就需要两眼的视野高度重合，所以猫的眼睛位于头前部的中间，和人类一样。

我们人类是灵长类，祖先是猴子，我们又不是猎手，为什么眼睛也长在头的前部呢？因为我们当猴那段时间是在树上生活的。这就有两个要求。第一，想要在树林里自由穿梭，就得准确地把握树枝间的距离，所以眼睛能聚焦很重要；第二，灵长类主要靠吃果子为生，在树上准确地瞄准一颗果子还是很重要的。这都需要两眼的视野高度重合。虽然用途不一样，但猫的眼睛又巧合地和人类非常相似。

到此不用再多举例子，我们便可以给出答案了：人和狗彼此依存的关系，是建立在现实需求的基础上。但是人和猫的关系，是建立在审美和情感需求的基础上。人养猫，不管人有没有清晰地意识到，本质上都是在养一个孩子的替代品。只有从这个角度，我们前面说的那些奇怪的事情才能说得通。

聊这个话题，其实是想说，我们要警惕一切人类对自己行为的解释。我们都知道，让我们人类去做一件事情的理由很多，有理性的原因，有感性的原因，还有随机和偶然的原因。但是真到了解释的时候就不一样了。我们通常会给出一个理性的理由。

这倒不是有意欺骗，而是在很多情况下，我们真坚信自己有一个理性的理由。比如，我们是因为要捉老鼠才养猫，我们是因为喜欢另一家公司的文化才跳槽，我们是因为这个人干了什么事才不喜欢他。

也许这些理由有点道理。但是，真正的原因也许需要我们下潜到自己人性的那些幽暗、深远的地方，潜到自己也没意识到甚至也不愿意揭开的深处，才能找得到。

熊猫是失败物种吗

任何物种活下来可能都得是三个因素俱全：会适应、能等待和运气好。

人类错怪了大熊猫，它不是生存的低能儿。在天然环境中，大熊猫的生存策略是非常有效的，甚至是成功的。

但是话又说回来，大熊猫的生存策略再有效，但毕竟是在天然环境里，现在哪里有什么天然环境，到处都是人。环境毕竟在变，原有的生存策略不能适应新环境，这本身就是物种被淘汰的原因。所以，大熊猫在结果上把种群数量搞得那么少，仍然是个失败物种。

在我们印象中，大熊猫是非常珍稀的动物。但是过去几十年，全球野生大熊猫的数量从最开始的1000多只，增加到了现在的接近2000只。大熊猫在世界自然保护联盟的濒危等级，也从"濒危"级别下降到了"易危"，也就是没有那么危险的级别。如果你了解一下人类社会对于大熊猫的喜爱程度，我敢说它已经没有什么危险可言了。那现在的大熊猫还是失败物种吗？

你可能会说这不是因为过去几十年人类保护了它吗？中国人为保护大熊猫花了多少钱啊？这不是大熊猫自己的生存能力的结果。但是跳出来一想，人类不是大自然之外的存在，人类就是环境本身。在地球这个系统内，人类只是一个新变量而已。这个变量和历史上的那些真正带来翻天覆地改变的大变量相比，比如26亿年前的"大氧化事件"相比，人类带来的改变还微不足道。大氧化事件，地球上突然出现大量的氧气，原来不适应这个变量、不需要氧气的生物大量灭绝，留下了适应氧气的。这种天翻地覆、沧海桑田的大变化，地球生物演化历史上出现了很多次。地球上的生物就是一路穿越这些大事件存活到今天的。人类对于他们来说只是最新的一次大变量而已。

按照几十亿年的生物演化的尺度来看，这次也不会例外，就是一个物种如果适应人类就能留下来，如果不适应人类就被淘汰。

就像鸡从一种野生的鸟类，变成今天人类最稳定的动物蛋白质的供应者，在基因的角度来说，极其成功，现在有200亿只鸡。其他像猫、狗、猪、马、牛、羊也是一样，从生物进化史来说，都穿越了进化剪刀，是非常成功的物种。

带着这个视角，我们再来看熊猫，它的成功就耐人寻味了。对于早期人类文明来说，熊猫的价值不大，所以它才变得岌岌可危。人类早期对待动物，要么要动物的肉，要么要动物的皮毛，要么要某一项功能。熊猫的肉不好吃，皮毛质量也不好，还比不上当时的牛皮，卖不上价钱。野生状态下熊猫还会下山闯入村庄，踩坏庄稼。甚至有村民看见熊猫闯进人的家里吃铁锅，其实熊猫不是吃铁锅，而是舔锅上的盐分，所以村民给它起了一个名字，叫"食铁兽"。熊猫当时有这么个名字，在当地人的印象中，肯定是不受欢迎的。

熊猫的命运是怎么转折的？我们简单看一下过程。

清朝末年，有大量的西方传教士来中国传教。一位法国传教士在四川一户农民家里发现了一张熊猫皮，觉得很独特，就花钱把它买下来，然后寄回了法国的博物馆。博物馆的人全都惊呆了，其中一个人这样说："我从未在欧洲的博物馆里看过这样的物种，而且这是我见过的最美丽的种类，也许它将成为科学上的新发现！"他们可不是为了一个新发现的物种而兴奋，更重要的是两个字，"美丽"。对，熊猫的审美价值，第一次被看到了。

很快，大熊猫美的这个风潮很快席卷西方世界。美国芝加哥的菲尔德博物馆，花了大价钱组织去中国的探险队，而且他们请的人名头很大，是美国前总统西奥多·罗斯福的两个小儿子，他们成功猎杀到了一头体形巨大的成年熊猫。这只熊猫就被做成标本，运到美国展出，芝加哥的菲尔德博物馆声名大振。

1936年，纽约的一位女服装设计师哈克利斯，带领探险队，在四川抓到了一只熊猫幼崽，偷运出中国。这是不光彩的事，但是这让她在美国光彩得不得了。她和熊猫还在路上，越洋电报早就把消息传遍了美国。轮船在旧金山码头靠岸的时候，正是1936年圣诞节的前一天，美国人在码头上举行了盛大的欢迎仪式，为他们安排了最豪华的套房，召开了隆重的欢迎晚会。

熊猫后来被送到美国许多大城市展出，所到之处无不引起轰动。后来，熊猫到了芝加哥动物园，第一天就有5.3万人买票专门来看熊猫，这个纪录到今天还没有被打破。那一周内，动物园的门票收入就覆盖了全年的财务支出。1937年的美国可还在经济大萧条啊，但是美国人为了看熊猫还是舍得掏钱。

大家为什么会这么喜欢大熊猫？是所谓的保护野生动物吗？比大熊猫更濒危的动物很多，怎么没有受到这样的保护？原因只能有一个，熊猫的样子实在是太可爱了。

我们这里不说可爱，说一些理性的话，大自然中只要是需要父母照顾才能长大的动物，基因里面一定有这样的设置，就是对自己的幼崽有一种天生的爱。没有这种爱，这个物种就延续不下去。人也不例外。熊猫为什么可爱，因为它太像人类的孩子了，而且是人类孩子最可爱的那个阶段的样子，憨态可掬，撒娇卖萌。所以，熊猫是全人类的宠物，它扮演了全人类的孩子的形象。这是自然界给人类预先置入的一段自动执行的程序，被熊猫瞎打误撞地赶上了，人类的爱正好落在它身上。熊猫长成这样，它又不知道自己可爱。

那为什么大熊猫老家在中国，但是对它的喜爱是从西方社会开始的呢？这不是因为东西方有不同的审美标准，事实上西方人欣赏熊猫的美，而中国人、日本人一样狂热地喜欢熊猫。根本原因是，只有在现代社会条件下，熊猫的美才能被看到。

你看着熊猫憨态可掬，但是完全无法家养。它不仅体形巨大、食量巨大，还特别挑食、只吃竹子，而且战斗力也不弱，爪子像手术刀那么锋利，咬合力量也是猛兽级别的。所以在现代社会之前，它只能给当地人带来困扰，它的美是无法被现代社会之前的人欣赏的。它和观赏鱼、观赏鸟是不一样的。

只有在现代社会，人类有了专业动物园的饲养条件，有了大众媒体可以远距离地传播熊猫的美，有了现代文化创意产业对于熊猫形象的反复诠释，熊猫才可以成为全人类的宠物。所以熊猫的美是和现代社会同步诞生的。

总结一下，第一，人类可不能把自己看成是大自然之外的东西，人类就是环境变迁的一个新变量、一个因素；第二，只要是有本事适应环境新因素的物种，就是能够穿越"进化剪刀"生存下来的成功物种。不管它用的本事是像鸡那样提供食物，还是像狗那样看家护院，还是像熊猫那样撒娇卖萌，只要适应环境都是真本事；第三，新因素虽然不断出现，但也是在不断变化中的。就像我们人类，作为新因素也在变化。熊猫光等到人类出现是没有用的，还得恰好踏上那个时间点。想象一下，如果人类社会现代化的过程再迟几百年，动物园和大众传媒的出现再迟几百年，熊猫今天还在不在就不好说了。

所以，任何物种活下来可能都得是三个因素俱全：会适应、能等待和运气好。

什么味道才叫地道

川菜中并不存在源远流长的辣的传统。而且你如果经常吃川菜，你会发现，很多经典川菜其实是不辣的。那所谓地道的川菜，这个"地道"到底是怎么形成的？

在吃这个方面，我们中国人特别讲究吃个地道。那什么是地道呢？我们有个简单的判断方法，地道不地道由本地人说了算。比如川菜，地道的川菜就是四川人在日常生活中就吃的，四川本地人最认可其口味的菜就是地道的川菜。

这样的体验我们每个人都有，但凡要吃地方特色，都要问问从那个地方来的人。人家要是尝了之后摇头说不地道，我们即使觉得还行，也会有一种上当受骗的感觉。地道这个事，话语权好像是握在当地人手里的。

但是，这个认识恐怕是有问题的。还是拿川菜来举例子，一提起川菜，大家脑子里蹦出来的第一个字就是"辣"。这似乎是我们给川菜特色的首要定位。

但是你要追溯历史，这个事就出现疑点了。辣椒原产地是美洲，美洲的农作物能传出来，靠的是哥伦布大航海。辣椒传入中国,就不可能早于1492年哥伦布到达美洲。1492年是中国的大明弘治五年。事实上,辣椒、土豆和番茄,这些原产地在美洲的食材传入中国,是明朝末年的事情。而四川人普遍吃辣,那还得追溯到清代初年。

因为明末战乱,四川人口大减,所以清代立国之后,就从各地引入人口到四川,这就是著名的"湖广填四川"。换句话说,今天土生土长的四川人在清代以前,大多都不是四川本地人。移居四川的人不管是自愿的还是被迫的,大概率都是穷人。生活贫苦,没有太多优质的食物来源,经常吃一些野菜或者经过腌制、熏制、发酵的食物,而辣是调味品中比较有遮蔽性的,能够掩盖食材中不新鲜的味道。辣椒其实是这样流行起来的。说起来都是穷人的事,都是泪。

所以川菜中并不存在源远流长的辣的传统。而且你如果经常吃川菜,你会发现,很多经典川菜其实是不辣的。那所谓地道的川菜,这个"地道"到底是怎么形成的?

实际上,川菜的变迁史有两个转折点,这两点其实跟外部因素有关。

一次是外地人跑来四川开餐馆,结果外地和尚来本地念经,把经念歪了,搞出了一套传统。另一次是四川人把餐馆开到了外地去——本地的和尚跑去外地念经,又把经念歪了,形成了新传统。两次变化的结果,都叫地道。

先说说外地人是怎么来四川开餐馆的。

　　清代太平天国战乱，但是四川地区还相对安定，所以四川就成了各种粮食财富的转运中心，难免聚集了一批富商高官，有钱人来了之后，重庆被作为长江中上游的良港开放了，各种内外资本都涌了进来，更多有钱人来了。有钱人来了，一定会跟来顶尖的大厨，许多菜馆由此崛起，是这些外来户奠定了现代川菜的基础。

　　这时候川菜口味并不以辣为主。因为一辣就尝不出别的味儿了，富人是高级食客们，当然不满足于这种粗暴的吃法。

　　举个例子，就说以成都、眉山为中心发展出了所谓的"上河帮"川菜，这种菜传承了官府菜的特点，用料精细，口感温和。上河帮菜有道名菜叫"开水白菜"，一听就知道非常清淡。所谓的"开水"，其实是清鸡汤。这鸡汤要用老母鸡、老母鸭、火腿、蹄肉、排骨、干贝等高档食材分别去杂后，放入煮沸的锅里，再加上料酒、葱蒜等调味品调制煨煮4小时以上。之后，再把鸡胸脯剁成肉蓉，加入鲜汤搅成浆状，再倒入锅中吸附杂质。反复吸附两三次之后，鸡汤变得越来越清澈，看上去像是开水，但香味浓郁，口感细腻。讲究吧？因为这菜原本可是名厨黄敬临在清宫御膳房时创制的，是标准的宫廷菜。只不过带到了四川，成为川菜经典。

　　除了宫廷菜外，川菜还受到淮扬菜、杭帮菜、鲁菜等各地菜系的影响。比如民国初年有一位叫周善培的食客，是一位官宦子弟，他本来是浙江人，在成都定居后，把江南口味带到了当时非常有名的川菜馆"正兴园"。正兴园后来培养出大量川菜厨师，对川菜菜品的定型起到了相当重要的作用。

上河帮出的菜，先说几个你熟悉的：宫保鸡丁、蚂蚁上树、回锅肉、鱼香肉丝，这些都已经成了大众家常菜。还有些估计你不熟悉的：青城山白果炖鸡、甜烧白、菊花豆腐，菜单上都不怎么看得到，就更别说知道它们的来头了。它们有一个共同特点，不辣。

而现在人们印象中的川菜，都是水煮鱼、辣子鸡丁、泡椒牛蛙等口味辣的菜，这些也属于川菜，但原本并不是川菜的主流。那么，为什么我们对于川菜的印象都是"辣"呢？这就要说到第二件事，四川人把餐馆开到外地去之后发生的事。

这个时间转折点，其实很迟。差不多是1980年前后，也就是仅仅发生在近四十年。改革开放，城市化，人口迁移，也正是在这段时间里，辣才成了川菜的标志性味道。

饮食文化传播的方向，一般是从劳务输出地区传入劳务输入地区，简单来说，就是贫困地区的人去发达地区打工，会把家乡饮食带过去。四川是一个人口输出大省，四川人在外地开餐馆，自然要做川菜。

但为什么他们做的川菜都是重油重辣的菜呢？前面也提到过，辣这种口味很容易吸引人，做起来也简单，不会像开水白菜那么费工夫，对吃的人和做的人来说省时、省事，还省钱。麻辣烫、火锅店这种就更好办了，基本不需要大厨。

另外，外出打工的大部分肯定还是平民百姓，他们本身也不熟悉那些高端川菜，很可能也没怎么吃过，更别说会做了。开水白菜、菊花豆腐、香橙虫草鸭这类风雅的高端川菜，虽然还不至于失传，但在大众眼中基本上就和川菜脱离关系了。

当然还有一个原因，因为辣好形容、好传播。大众饮食比如肯德基、兰州拉面，你能用一个简短的词语形容它吗？可能很难。但辣不一样，辣单一、鲜明、辨识度高。而且辣跨很多感官，比如辣既是味觉，但是在吃的体验上，辣又容易让我们想起"爽"，辣还容易让我们想起辣椒的红。

辣那么简短的一个字跨了那么多感官，传播上自然有优势。这样的川菜馆越来越多，渐渐地，地道的川菜就变成辣的了。

回顾一下川菜历史上的两个关键转折点：第一，外地人来本地；第二，本地人去外地，这才能形成地道的川菜。其实不止川菜，所有的菜系都是这样，甚至全世界所有地方的食物都是这样，人类所有的文化发展也都是这样。

所以，当我们在歌颂一个传统的时候，不管我们胸中涌起多少对时光的敬畏，不管我们用的词是经典还是地道，我们心里都得清楚一件事：地道一定不是原生封闭、停滞不变的结果，一定是杂交混搭、外来刺激的杰作。

人的成就跟勤奋、智商的关系没我们想的那么大。

聪明人为什么往往不好打交道

聪明人做的社会性思考少，人际关系的连接度就低，同理心就差，所以显得脾气大。

最近我偶然翻到了一本书，叫《社交天性》，作者是美国社会心理学家马修·利伯曼。

这本书本身的内容是讲人为什么是一种社交动物的，其中有些洞察很有意思。比如，人为什么通常都害怕在公开场合下演讲？其实我们担心的不是内容，不是怕演讲得不好，不受欢迎。站在人类社交天性的角度理解，真正让我们觉得紧张的原因是：一旦站到了很多人面前演讲，就让一个风险大增——不喜欢自己、拒绝自己的人数大增。

虽然我们知道公开演讲有各种各样的好处，但作为一个社交动物，我们其实内心里非常恐惧在社交上的成本和损失。现在你明白了，为什么一句"不跟你玩了"是小朋友的世界里最严厉的惩罚。

但是这不是我的重点，我想说的是，在这本书的一段材料中，我突然悟到了为什么现在有这么多宅在家里的人。

　　既然人是社交动物，为什么现在有那么多人愿意一个人关在家里，长期不和人打交道也过得很好？比如有日本电视节目就报道过，有一个宅男从16岁开始整整27年没有出过门，被称为"日本第一宅男"。要知道，不让一个人和他人接触，这过去是监狱里对待重刑犯的一种惩罚措施，比打他一顿还严厉。宅是一种很奇怪的现象，违反人的天性。

　　那我就来说说我从《社交天性》这本书里得到的启发。

　　我先来问一个问题，我们人的大脑闲下来的时候在干吗？你可能会说，闲下来的时候，当然是什么也不干啊。我以前和你的看法是一样的，看了这本书以后我才知道，其实我们的大脑会把所有的空闲时间利用起来，只干一件事儿，那就是思考他人和自己的关系。你体会一下，你这会儿什么事都没有，坐那里闲待着。你发现你的大脑一会儿想想这个人，一会儿想想那个人，一会儿在这个关系里待一会儿，一会儿在那个关系里做做白日梦。

　　这既符合我们的日常经验，也符合科学家的发现。

　　神经科学家们用一种大脑扫描技术，可以追踪到不同脑区启动或关闭的情况。你可以想象一下这个技术，就好像你的大脑是一个可以发光的地球仪，某个脑区开始执行任务的时候，被激活的神经元变多，那个部分就会亮起来。在仪器上看起来，你的大脑可能是这里亮一下，那里亮一下。神经科学家们发现，在你的大脑不做某一项具体的任务时，会有一系列脑区变得活跃，亮起来。

　　也就是说，不管你刚才是在做数学题还是在画画、开会发言，只要你停下来，进入什么都不干的状态，你大脑中的一个区域就会马上打开，自己开始运转起来。神经科学家们管它叫作"默认网络"，也就是一个会在默认情况下打开的网络。就像你手机开机之后，不用经过你同意，就会自动启动的程序。那这个默认网络的作用就是社会认知，也就是你对自己、他人以及你和他人关系进行的思考。

一系列实验发现，不管你原来在执行什么任务，只要接到休息的命令，这个休息的时间无论是30秒还是2秒，你的大脑都会打开这个"默认网络"。换句话说，这不是你主动的选择，这是完全下意识的。进一步研究还发现，不仅成年人是这样，即使是刚出生的婴儿也是这样。人在什么都不想的时候，默认就开始想各种人际关系。

《社交大性》这本书我看到这儿，突然就想通了好几个现象。

第一个现象是，为什么人的认知能力看起来差距极大，但是生存能力差距没有那么大？在传统社会这个现象看起来更明显。换句话说，为什么有的人看起来笨笨的，能力没有那么好，但是混得也不差？

你听懂我刚才的那个原理，这笔账就好算了。认知能力强的人，天天集中精力思考问题；认知能力不那么强的人，好像天天什么都没想，但其实他在想人际关系的事，大家智力活动的底盘其实是差不多的。所以一个人的成就跟勤奋、智商的关系没我们想的那么大，人家没闲着，他某个方面的能力，没准比我们还强一些。

　　还有一个现象，就是为什么聪明人往往都不好打交道？本事大的人，往往脾气不好。过去我们以为，这不过因为他们自负、骄傲、看不起人。但是如果从大脑的这个现象来看，还真不见得是因为什么性格因素。

　　聪明人往往善于做目的性很强的思考。比如做数学题，比如实施某项计划。问题是大脑的带宽就那么多、时间就那么多，干了这样就不能干那样。目的性很强的思考多了，那种漫无目的的社会性思考就少了。这两个神经网络是互相矛盾的，就好像跷跷板的两头，你开启我就关闭，一个打开的程度高，另一个关闭的程度也就高。

　　聪明人做的社会性思考少，人际关系的连接度就低，同理心就差，所以显得脾气大。

　　想通了这两个现象，第三个现象，也就是前面我们提到的那个"宅男"的现象，也就有了解释。其实一个整天宅在家里的人，是什么都不干吗？不是。按照今天讲的理论，一个什么都不干的人，会在人际关系里面想三想四，这是下意识的，他自己都控制不了的。所以，他反而会约人吃个饭打个球聊个天什么的，这样的人不会宅在家里。

　　宅在家里的人，上网、看小说、看视频、打游戏，通常都忙得很。他的大脑是在做目的性很强的活动。

　　我曾经讲过一个概念，叫"国民总时间"。很多产业在争抢的就是对人的时间份额的占用。他们用什么东西来抢？当然是目的性很强的认知活动。每一款游戏、软件，都希望你尽可能利用所有闲暇时间，把每一分、每一秒都分配在目的性特别强的事情上。

比如说打游戏，你的大脑会调动起各个脑区，配合在一起，才能打得好游戏。那个在无所事事情况下才会自己打开的默认网络，当然就无机可乘了。

所以宅男是什么人？他们不是懒人，是一群被目的性智力活动占用了全部大脑带宽的人，他们恰恰不懒，是一点时间都不肯浪费的人，是没空想人际关系所以也人际关系能力低下的人。

想到这里，我不禁倒吸一口凉气。我们从小就被灌输一种观念，要珍惜时间，要把时间安排到各种有用的事情上，这本身没有错。

但是在现在的商业环境下，每一种商业服务都把自己打扮成非常有用的样子，占用我们的一部分时间。它们在我们的脑子里挤来挤去，最后的结果就是我们被迫关闭了那个至关重要的默认网络和里面的社会认知功能。我们追求能力，但到头来反而是对自己的能力造成了致命的损害。

我又顺便想通了第四个现象：为什么创业者群落里，比如硅谷，特别流行冥想？刨除冥想中的那些神秘主义色彩的活动，你会发现，它其实最核心的作用就是一个，强制性地把大脑清空，把注意力集中到自己的身体和心灵内部，把目的性很强的认知活动暂时关掉一会儿。在冥想结束的那一刹那，我们才有可能回到对人际关系想三想四的本来面目，重新回到一个人的正常状态。

超模是怎样炼成的

其实，在所有真实的竞争中，运气和努力的关系，从来都是这样的：靠运气一路支撑，以至于你在关键时刻有机会付出努力；或者反过来，你一直努力，以至于你在关键时刻有机会看看自己有没有运气。

这题目有点扯，怎么让自己成为超模？答案可能会让你失望了。除非你的禀赋好到不像话，否则没有任何确定的道路让你成为超模。

这话站在行业外部，好理解。比如你跟我罗胖说，你这一辈子成不了超模，我马上就信了。我认命了，我心里一点不难受。但是如果你跟一个身高一米七、长相不错、身材不错的姑娘说，无论多么努力，没有任何道路能让你成为超模，你觉得她会信吗？

我们从小受到的教育都是，只要天赋不错，在任何一个行业里都有努力的空间，都有向上攀升的道路。

但是，最近我读了一本书，叫《美丽的标价》，作者阿什利·米尔斯的身份很有意思，她既是一位纽约的一线超级时装模特，也是一位研究社会学的教授。她是纽约大学的社会学博士，当了几年模特之后，现在是波士顿大学的社会学副教授。在美国学术界，她号称是最美丽的副教授。

经过社会学训练的人，看世界有一种独特的冷峻和真实感。所以，你从米尔斯写的模特行业中看到的肯定不是鸡汤，不是什么成为超模的道路，而是这个小世界里的残酷性。

我们一般都以为，模特就是美丽、漂亮的身体。但是，在一个专门经营美丽的行业里面，只使用"美丽"这个词就显得太粗糙了。实际上，对于模特来说，重点不是美丽，而是一种瞬间的气质。注意这个词，"瞬间"，我们会反复提到。

一个时装模特走秀，从亮相到走台步到转身到下场，不过几十秒的时间。在那种闹哄哄的花团锦簇的场子里，要想让观众留下印象，光有邻家小妹的那种美是没有用的。必须有一种瞬间能让人感知到的东西，那叫气质。

但既然是瞬间，就麻烦了。要想成为顶级模特，就必须要能穿过两层筛选网络。第一层是标准，第二层才是感觉。既然是靠瞬间气质，光靠观众感觉不就行了吗？为什么还要有标准呢？因为想当超模的人太多了，无论是商家还是经纪人，面对那么多候选对象，他只能用统一的标准来筛选。所以这才有了各种要求，比如女模至少要175cm以上，三围接近78cm、58cm、85cm，男模身高要在183～190cm，腰围在68～70cm。这些都是古老而好用的标准。

身材符合了标准就登上了一级台阶了吗？过去我们总是这么认为的。听完了《美丽的标价》这本书，我才知道，可能恰恰相反，符合身材标准的模特，恰恰进入了一个更混乱的挑选环境。

打个比方你就明白了。大公司到大学毕业生中挑人，当然需要标准，比如要求你是名校毕业。但是当大量拿着名校毕业证的人真来了，接下来呢？其实大公司还是没有明确的挑选标准。但是这个时候，你在公司眼里已经不是一个活生生的人了，你身上带的气质、禀赋、独特性那些东西全部被删除，这个时候你变成了一张简历，公司是凭这张简历来挑你，所以下面的事情就更得凭运气了。

模特行业也是一样。如果你是一名模特，符合了基本的标准。那接下来拼的是什么呢？还记得我们刚才说的那个词吗：瞬间。

对，下面就是为了获得更多被看见的瞬间的博弈，就是我被看见的瞬间比你多。博弈手段就包括了撒谎。

我们都知道那句话，一胖毁所有，一瘦全都有。但是，在全是好身材的姑娘群体里，多瘦才算好看呢？这就没谱了。而且人的体重是浮动的啊，今天胖一斤，明天瘦一斤很正常。所以，如果你是一个模特，如果客户让你填体重数字，你填多少？答案是，既不是今天重多少，也不是最胖或者最瘦的时候是多少，而是看你需要多少。

不仅是体重，经纪人给模特准备的资料，年龄、身高、三围这些数字，都是浮动的。经纪人也会揣测不同客户的需求，为了推销出自己手里的模特，他们会篡改模特的数据。

可是模特的身材数字是用来穿衣服的。你把自己的数字写小了，到时候衣服穿不上怎么办？这种事经常发生。怎么办？你得减肥。所以很多模特现场很尴尬，一边像灌香肠一样把自己灌进那个肠衣，结果又会为自己身材焦虑，还为自己撒谎焦虑。

还不仅是这些硬指标，还有一些软指标，比如个性。这还是取决于你见的客户，经纪人可能告诉你这一场面试你是一个18岁的甜美少女，下一场面试你要表现出20岁的叛逆，再下一场你要表现出忧郁的气质。

所有这些改变，不管是通过努力改变，还是通过撒谎改变，为的就是多一些面试的机会，多一些瞬间内被看到的概率。

反过来看，对模特做挑选工作的人，形成判断的时间极快，他们没时间慢慢了解你的内在，等待你成长。这个瞬间感觉不对，模特的再多努力也是白费。谁在做这个挑选的工作？经纪人、星探、编辑、造型师、摄影师、设计师等。但是他们并不是模特的最终消费者，他们只是一个中介。最终使用模特的是这些中介的客户，也就是服装公司等机构。而中介仍然不是在做纯粹的判断，他们仍然是在揣测客户。

所以，模特行业里都知道，你想当超模，和这些经纪人搞好关系用处不大。因为这些中介天然的行为模式就是找到一个客户，然后把大体符合要求的模特尽可能多地推荐过去，增加命中率。关系好不好，只要你差不多好，都会被推荐。经纪人自己也要吃饭的。

如果你过了经纪人这一关，被推荐上去了，是不是成功概率提高了一点了？其实细想一下也不是。因为经纪人是按一个大体标准推荐的。所以，等模特真的站到了客户面前，他会发现两个情况：第一，同时候选的人很多；第二，大家条件都差不多，客户其实也很难选。

一个广告公司的面试，面试导演3小时要见200个女孩。乱花渐欲迷人眼，这么短的时间看这么多人，要想找到那个感觉对头的瞬间，是不是也主要是靠运气？

那那些超级模特是怎么回事？难道都是碰运气吗？当然不是。当一个模特穿越了运气的丛林，在终极的赛场上比拼的时候，实力就是决定一切的因素了。这样的例子在模特界很多。纽约的一个资深秀场导演大卫，他看中了一个新模特，于是把他负责的17场秀全部请她来参与。但是可想而知，这背后一定是这个姑娘，无论是身材、表现力、人缘、敬业精神都是很过硬的。

跟大家聊《美丽的标价》这本书，你可能会感觉有点不舒服。我们希望的世界是，一分耕耘一分收获，有努力总会见效果。但是模特这个行业，也许会让我们看到这个世界另一个侧面的真相。

其实，在所有真实的竞争中，运气和努力的关系，从来都是这样的：靠运气一路支撑，以至于你在关键时刻有机会付出努力；或者反过来，你一直努力，以至于你在关键时刻有机会看看自己有没有运气。

这才是真实世界的样子。

神童莫扎特

这就是我们中国人熟悉的伤仲永故事和莫扎特故事不一样的地方。仲永是自己慢慢退化了。而莫扎特在这条路上是越来越强大。

我们来聊聊"神童"这个现象。神童身上好像有一个诅咒，就是小时候很聪明，但是长大之后，成就反而一般。中国人有句话："小时了了，大未必佳"。

比如我们小时候都学过一篇课文，叫《伤仲永》，王安石写的。仲永是一个孩子的名字，五岁的时候，别人家孩子还不识字，他都会作诗了。称得上神童吧？但后来到了十二三岁，他就明显倒退，再过几年，他就一点儿出众之处都没有了。

课本的意思，大概是说，再聪明的孩子也不要骄傲，否则就会后继乏力。一个神童在成年以后发展不顺利，我们通常都觉得是这个原因。

最近我发现了一本书，《莫扎特的成败》，作者是德国著名社会学家诺贝特·埃利亚斯。这本书提醒我，神童遇到的挫折，不是简单的骄傲自满，在成长路上，其实还有一个更悲剧的因素在等着他们。

我们来看看莫扎特的故事。莫扎特当然是世界级的神童。他写第一首交响曲的时候才8岁。这首交响曲，现在在网上还能找到，你可以体会一下，这是什么水平。

他爸爸原来也是一个宫廷乐师，后来看着儿子争气，干脆辞了工作，带着莫扎特在全欧洲的宫廷里巡演。整个家庭的收入，全从小莫扎特那里来。

但是，等莫扎特长到17岁这一年，也就是1773年，这是莫扎特人生的转折点。他突然发现自己在维也纳居然找不到工作，不得不回到故乡。就在这一年，世界开始对他露出了残酷的一面。后来莫扎特一共活了35岁，去世的时候十分贫困。

听起来好像有些荒唐，以莫扎特的才能，巴黎、伦敦、维也纳，全欧洲的宫廷，哪个他没有在里面表演过？随便找一个待下来不就行了？他怎么会找不到工作呢？

有意思的地方就在这里。当年全欧洲宫廷喜欢的莫扎特是神童啊，是一个小孩子，他那么小就能写一手好音乐，他长相特别萌，谁不喜欢啊？

整个人类历史上恐怕都没有哪个小孩子能像小莫扎特那么风光。在那个年纪，他就和法国皇帝坐在一张桌子上吃饭。英国国王在路上遇到他们一家，走下马车来和他们行礼。有一天他给奥地利的特蕾莎女皇演奏，结束以后女皇问他，想要什么奖励？他指着站在旁边的小公主说，我要和她结婚！在场所有的大人都哈哈大笑。

你要是个有权有势的人，你遇到这么一个小孩，是不是也会打心底里喜欢，然后也会乐于展现自己对艺术的爱好、对人才的爱惜、对冒犯的宽容、对金钱的慷慨？

但是，17岁的莫扎特成人了。看似只是一个人在长大，但背后发生了两个巨大的变化。

第一个变化是莫扎特本人。从6岁到17岁，他在音乐这个方向上突飞猛进。17岁的时候，他已经写了二十多个交响曲，还有很多其他作品。他的音乐作品，越来越复杂。这是一个音乐家成长路上必然会发生的事情。

这就是我们中国人熟悉的伤仲永故事和莫扎特故事不一样的地方。仲永是自己慢慢退化了。而莫扎特在条路上是越来越强大。

这意味着什么？意味着莫扎特变成了另外一个人，提供了另外一种音乐产品。他当神童的时候，原先的市场就丢了。欧洲的宫廷喜爱一个写简单音乐的神童莫扎特，说得不好听一点，那是一个有优越感的大富大贵的人，对一个宠物的喜爱。

但是现在他成人了，你提供的是复杂的音乐产品，那产品本身才是重点了，跟你的人就没啥关系了。找不找得到工作，取决于这个产品符不符合宫廷的欣赏趣味和现实需求了。所以他找不到工作是不是也有点正常。

还有第二个变化。17岁的莫扎特是一个成人了，那整个社会网络就会按照一个成年人的规范来要求你。比如说，和莫扎特合作的方式。过去他是巡演，演得再精彩，过几天也得离开，宫廷贵族再慷慨，付出的也只是一笔临时的打赏。而现在成年人莫扎特需要一份工作，是要按月发薪水的。这就是一笔固定支出。虽然当时欧洲宫廷不缺钱，但是他们也没那么需要音乐。偶尔演出就可以了。比如在莫扎特的祖国奥地利，现在以他为骄傲的国家，当年的特蕾莎女皇就对自己的儿子约瑟夫说过，不要雇用这种没用的人，国家财政也不宽裕。

其实约瑟夫皇帝知道莫扎特是天才，后来为了让他不至于为了钱流落到别的国家，在维也纳宫廷里给了莫扎特一个收入不高的闲职。莫扎特当然不太满意。可是环境已经不会再像容忍一个小孩一样容忍他了。他得听皇帝的。

有一天约瑟夫皇帝听了他的《费加罗的婚礼》后说，是挺好听的，就是音符太多了。莫扎特就顶回去说，我觉得刚刚好。

你要是莫扎特，你肯定也不开心。皇帝又不懂，我才是艺术家。他从来没有受过这气，当神童收到的都是鲜花和掌声。但设身处地想想，你要是皇帝，你能把职位给他吗？皇帝也没有受过这气啊。

成年人莫扎特接受不了成年人社会的尊卑秩序和社会规范，那找不到工作是不是也很正常呢？

不仅仅是在政治上他不能接受社会规范，其他社会方面也一样。神童莫扎特在欧洲巡演，只需要操心音乐，一切衣食住行、待人接物，是他爸爸在操心。一直到他21岁，他所有的钱还都归他爸爸管。这就导致了他成年以后不太会与人打交道，也缺乏金钱观念，日子过得总是紧巴巴的。

在维也纳的国家档案馆里，保存了莫扎特的遗产清单。清单显示，莫扎特是租房子住，名下没有一栋房产；而且莫扎特家里也没有什么值钱的东西，当时一般的中产阶级家庭都有成套的银器，莫扎特家却只有3把银汤匙。他拥有的全部现金加起来只有193个银币，欠别人的债务却有918个银币，也就是说，他死的时候是处于破产的状态。一个人可以很穷，但是如果没有什么很特殊的原因，就欠下这么大一笔债务，那通常就是因为不会管钱。

说到这儿，你应该意识到问题出在哪儿了。莫扎特在音乐方面突飞猛进，变成了一个成熟艺术家，但是他在其他方面的心智和能力，都还停留在神童时期。他是一个社会能力失调的人。这才是莫扎特悲剧的根源。

我们说的是莫扎特的悲剧，但实际上这个故事对我们今天的人有特别的价值。

莫扎特是因为不能适应自然年龄增长带来的变化，而和社会网络脱节了。这是一个很偶然的原因。同时代的人没有这个困扰。因为那个时代哪有那么多神童，因某个方面的才能被社会疯狂地激励，然后单兵突进地成长？大部分人都是能力、心智同步成长，同步社会化的。所以，在过去的时代，莫扎特的问题不是一个普遍性的问题。

但是在我们这个时代，莫扎特式的机遇概率大增。不是因为个人变化快，而是因为环境变化快。比如，某个人突然就成网红、明星了，某个公司突然就成独角兽了、上市了，但是时间很短。

这是社会对一个人、一家公司某一个方面的肯定。但是，这就是莫扎特式的机遇，会不会带来莫扎特式的难题？作为一个人、一家公司的其他方面也都同步成长和发育了吗？能够完美嵌入到当时的社会网络里吗？

茨威格曾经写过一本书《断头王后》，是写路易十六的王后安托瓦内特的。这安托瓦内特就是莫扎特小时候在奥地利宫廷里，指着要娶的那位公主。书中有这么一句话：当时她还很年轻，不知命运所馈赠的礼物，早已在暗中标明了价格。这句话是说安托瓦内特的，也是说莫扎特的，也是说之后所有有莫扎特式机遇的人。

对，所有的好事，背后都有隐形的价格。只不过，不太容易看到。

什么是"瘾"

具体的瘾可以戒断，但是这个空白你无法根除。

有一本书叫《咖啡瘾史》，讲的是咖啡这种饮品是怎么走进人类社会，成为现代人生活的重要组成部分的。这本书让我对"成瘾"这个现象的理解又深化了一步。

过去，我们认为"成瘾"是一种很没出息的行为，是意志不坚定的人身上才会有的现象。比如烟瘾、酒瘾、毒瘾、赌瘾。不过这个理解有一个小漏洞。很多吸烟成瘾的人就反问，你说我意志不坚定，那人类历史上意志坚定的人都什么样？丘吉尔算一个吧？那是有名的意志坚定的人，他带领英国熬过了二战，你不能说他意志不坚定吧？那为什么丘吉尔烟瘾那么大，而且无法戒断呢？

回到咖啡这个例子上来。咖啡会刺激人体分泌多巴胺，多巴胺会带来满足感，所以让人上瘾，这是生理上的解释。但是要是回看咖啡流行的历史，你会发现没那么简单。它不光是生理依赖，还有一层更复杂的意义。

咖啡的历史大概可以追溯到3000年前。世界上最早食用咖啡的地区叫柯法王国，也就是今天非洲的埃塞俄比亚一带。当时，人们像嚼口香糖一样，整颗咀嚼咖啡果。那味道肯定不怎么样。当然，人们也不是为了好吃才吃，而是他们发现，吃咖啡果可以让人兴奋。后来，人们还把咖啡豆和油脂混合，做成了高尔夫球大小的点心，专门给战士吃，让战士好上阵打战，提振精神。

此后，咖啡开始扩散到其他地区，马上就大受欢迎。当然不是因为它味道好，而是当时的人类生活有一个特别重要的组成部分，那就是祭祀。所有的祭祀中，都有一个固定环节，就是吃东西。吃平常的东西肯定不行，必须得是能引起强烈的情绪波动的食物。因为人们认为，这类能引起情感波动的东西一定有某种神秘的力量，可以用来和神灵沟通。

这个现象在世界各地都很普遍，比如玛雅人在祭祀时会使用一种用有毒的青蛙做成的迷幻药；埃及的圣紫罗兰之所以被奉为圣物，也是因为它有致幻作用；印第安人在祭祀中会服用一种特殊的仙人掌，也是因为它含有迷幻剂成分。当然，跟这些迷幻药比起来，咖啡豆既能带来情感波动，又没有那么强的副作用。安全又健康，当然是祭祀首选。

咖啡最先满足的恰恰不是生理意义上的瘾，而是社会意义和精神意义上的瘾。这个需求并不是某个人内在的生理上的需求，而是一个社会和精神需求。它仅仅是具备这么一丁点能让人兴奋的特性，但只要这个特点被人类抓住，就会在人类的需求中被不断放大。

但是，咖啡直到这会儿还是祭祀工具，不是饮品。它真正变成饮品，是大概800多年前的事。当时就有人做罪恶的贩奴生意，一些中东地区的人贩子把非洲的奴隶带到了中东。更具体点，是也门一个叫摩卡港的地方。第一杯现代意义上的咖啡，是在这里被发明出来的。人们还用港口的名字给它命名，也就是摩卡咖啡。巧的是，摩卡这个地方又偏偏是个港口，传播能力很强。所以咖啡的喝法，很快就从这里传遍了整个阿拉伯世界。

还有更巧的，咖啡但凡被带到别的地方，都不可能被开发出新的喝法，只有在也门，在阿拉伯地区，人们才会花这么大的工夫研究咖啡，把它变成饮料。因为也门人普遍信奉伊斯兰教，他们的教义明确规定，禁止饮酒。但是不让不代表不想，总有一些人对酒带来的那种醉意和兴奋感非常向往。越是禁止，他们就越是渴望。

怎么办？只能找替代品。这时咖啡豆出现了。人们发现，这个东西居然也能带来类似喝酒的感觉。难吃不是问题，可以改良，磨碎了冲成汁，加奶、加糖。于是，咖啡理所当然就填补了人们需求的真空地带，摩卡港也成为当时全球咖啡贸易的中心。

但真正让咖啡走遍全世界的是欧洲人，是欧洲人在南美洲建立了大规模的咖啡种植基地，把咖啡变成了一项巨大的全球贸易。但是欧洲人又不禁酒，他们为什么会对咖啡同样买账？咖啡又是怎么在欧洲社会扎根的呢？

答案还在这个"瘾"字上。只不过这回多了一层社会意义上的瘾。

在咖啡进入欧洲之前,欧洲人最主要的休闲饮品就是酒。但酒喝多了会醉,醉了就会糊涂,糊涂就会误事。但咖啡正好相反,越喝越精神。所以,欧洲人很快就接受了咖啡。但是这只是表面现象,背后其实还有一层更深层的社会需求,就是人们对平等交流的渴望。这就要说到一个和咖啡密切相关的场所,咖啡馆。

在当时的欧洲,咖啡馆最主要的作用之一就是聊天。人们喜欢在这里点一杯咖啡,然后聊聊政治,谈谈宗教,平等交流,氛围非常自由。可能会有人问,咖啡馆出现之前,难道就没有别的地方让人聊这些话题吗?

还真没有。餐馆显然不合适,除了用餐时间,谁也不会整天泡在这里。酒馆更不合适,大家边喝边聊,很快就醉了,甚至还要打架,哪里还谈得上什么思想交流?而且在这之前政治发育还没到那个地步,平等交流还不是人们观念里已经有的东西。

17世纪的英国国王查理二世就发布过禁令,禁止人们在咖啡馆讨论政治。但这项禁令在11天后就取消了。因为以前人们没尝过自由民主交流的滋味,不知道畅所欲言是什么感觉。但有了咖啡馆之后,他们就爱上了这种感觉。想把一个已经出现的需求拔除,哪有那么容易?

所以,什么是瘾?过去我们都认为,瘾是人的内在生理需求,是人的某种劣根性,因为管不住自己才是瘾。其实从咖啡的传播历史来看，正好相反，是人类的社会活动不断创造出来了一些新的空白点，这些空白点必须要某种东西去填补。至于是什么东西，那反而是偶然的产物。只要人们在特定的场合需要兴奋这种需求出现了，不管你是用茶、用酒，还是用可可、用咖啡，只要把这个空白填补上了就可以。

但是这些真空是刚性的，一旦被打开就必须得被填满。具体的瘾可以戒断，但是这个空白你无法根除。最近听到一个新闻，说印度人戒酒，居然要冒死去喝眼镜蛇的蛇毒来填补这种空白。所以空白是无法根除的。

我想到黄执中说过的一段话，正好印证了这一点。他说，你的问题，就是他人的解决方案。比如，你觉得一个人抽烟很烦人，这是你的问题。但是你劝他戒烟是没有用的，因为烟是他的解决方案，是他解决无聊和紧张的方案。除非帮他找到新的解决方案，否则，他抽烟这个问题就不会消失。

游戏不是什么洪水猛兽，游戏的精髓是重建人生的意义。

游戏让我们有可能回到人人都有主动性、一切都有紧密联系的世界。未来时代，一切都是"游戏"。

游戏的乐趣

游戏的魅力在于能赢？

很多年前我看过一部美剧，是关于毒品的。在那部戏当中，你能看到两个世界，第一个是瘾君子的世界，就是吸毒的那些人，那真叫是惨，虽然人还活着，但是整个人都烂掉了，活得毫无希望，堪比人间地狱。还有一个世界就是毒贩的江湖，因为毒品在被生产、加工、贩运，包括毒贩和缉毒警斗争，这构成了一个非常复杂的博弈系统，整个剧的剧情就是从这儿开始的。

看完了这部剧之后，我跟我身边那个朋友讲，我说我预测人类未来很可能会发明电子毒品，随着人的脑科学研究的发达，这个东西完全可能出现，拿一些电极植入脑部的那些区，然后一按按钮，你想怎么嗨，想得到吸食鸦片或者是海洛因的那种狂放的想象力，你马上就能得到，任何快乐立等可取。如果这样的机器一旦发明，会产生两个结果，第一个结果就是毒贩的江湖会消失，因为没有具体物质的交付了，什么生产、加工、贩运，整个系统就会崩掉了。而且毒品会变得极其便宜。

但是还有另外一个后果，我当时就跟我那个朋友讲，我说很可能非常可怕。我们每个人心里有贪念、有欲望，而这个欲望随着越来越复杂的社会组织，我们不得不靠跟他人的协作来达成这个欲望，所以我们的文明是建立在这个基础上的。而如果我按一下按钮，马上想要什么就来什么，那还了得？没有人会努力，也没有人会和他人协作，整个人类文明也许不是死于什么石油枯竭、气候变暖，很可能因为电子毒品的发明，人类文明从此就崩塌了。

我正在那儿高谈阔论，那个朋友翻着白眼看了我一眼，说你傻吗？我说怎么了？他说你说的不就是电子游戏吗？一语惊醒梦中人，我一想对呀，现在电子游戏就有一个外号叫电子毒品。所以我设想的这个东西是不是在电子游戏上已经部分实现了呢？接下来就跟大家聊一聊电子游戏。

我们这一代人玩电子游戏时间非常晚，因为你总得等到中国电脑普及吧？那个时候我已经上班了。但是即使如此，我这一生花在电脑游戏上的时间真的多了去了，当然我们那时候玩的电子游戏现在年轻人也看不上了，什么《三国志》《红色警戒》《帝国时代》等，都叫"即时战略性游戏"，我非常爱玩。现在创业了，当然就没时间玩了。

但是通盘算下来，我玩电子游戏给我这一生带来的痛苦，其实远远大于快乐。玩的时候当然非常爽了，我弄死你，弄死你，把鼠标摇得山响；但是一旦Gameover，断电之后，那种巨大的空虚寂寞感就会袭来，那一刻心中是极其懊悔的。因为你心里清楚，过去的几个小时，我甚至连续玩过二十多个小时，你完全可以用来学习、看书、会友，甚至休息，都是有意义的，对人生有好处的事情，我为什么要浪费在这儿呢？所以那一刻对自己的人生其实评价很低。

社会对电子游戏的评价不高，根本原因就是因为游戏是一个虚拟的、生造出来的精神世界。所以现在关于游戏基本上是两派观点，第一派观点就觉得完全就是个毒品，一定要把它当作一个毒瘤，从人类社会给割出去。现在还有一些专家，专门搞什么戒网瘾，甚至给孩子们采取用药、上电击等粗暴方法，这些人就不去说他了，完全是糊涂蛋。

可是另外一派人，他们好像在为电子游戏辩护，他们会说电子游戏会锻炼你的反应能力，锻炼你的协作能力，甚至，美国大兵那个空军的飞行员训练，不就是在电子游戏机里进行训练吗？所以在伊拉克和阿富汗战场上才表现得那么好，电子游戏对我们的现实生活是有帮助的。

但是不管怎么说，这些观点即使是为游戏辩护，它的本质上都是认为现实世界是根本，游戏是一个附属的世界，它有好处，也有坏处。我原来也是这么看问题的，但是直到我看到了一组数字，这组数字是2012年的，它说全世界的游戏人口实际上是在飙增的，欧洲是1个亿，中国是2个亿。2012年到今天，这个数字肯定翻番了，到底是多少我也懒得查了，总而言之肯定是一个突飞猛进的族群。

2012年的时候，全世界玩游戏玩得最疯的是哪个国家？美国，1.85亿人在玩游戏。而且大概有500万人是深度沉迷者，他们一周大概要花几十个小时，平摊到一天有六七个小时去玩游戏。我还看到过一组数字，说美国的21岁的年轻人，此前花在阅读上的时间平均是两千到三千个小时，可是你知道他们花在打游戏上的时间是多少吗？一万个小时。

老天爷呀，一万小时，这是一个美国学生从五年级到高中毕业所有花在课堂里的时间的总和，也就是说美国学生除了上学之外，还要花同样的时间打游戏。一万小时定律，这个词就是说把这个时间花在任何一门技艺上，这个人都可能磨炼出大师级的水平，也就是说你现在在美国大街上看见任何一个年轻人，有一个算一个，几乎都是电子游戏的大师。

这事就严重了，因为人类社会时间安排就决定了它的文明状态，因为其他资源说是稀缺，但是随着技术的演进，那个资源的稀缺性往往会缓解。只有时间是绝对刚性的约束，一个人一天就24小时，一辈子就能活那么长，所以把时间花在哪儿，这是一个文明的基本状态的特征，那如果人类花越来越多的时间去玩游戏，我们这个文明的前途就要发生变化了，就像我看到过的一篇论文，说我们正在面临人类第二次大迁徙。第一次大迁徙是多少多少万年前，我们老祖宗从非洲老家出发，走向欧洲、亚洲和美洲；而现在呢，我们正在从实体世界向虚拟世界大迁徙，大移民。

所以看到这组数据和这篇文章之后，就逼得我重新思考，游戏它到底是个什么玩意儿呢？它是不是我们人类的未来呢？我们先回到这个问题的根本，就是电子游戏所构建的虚拟世界，和我们生存的实体世界之间，它到底是一个什么样的关系？我们如果把一般的社会认知摊开，基本上可以总结出一个词，就是那个虚拟世界是人类社会的一个死胡同。

此话怎讲？你看我们这些俗人，都是行走在阳光灿烂的大道上，奔着自己的人生目标。但是这条大路它有一些岔道，是一些小巷子，这巷子也很正常，你也可以进入爽一会儿，但是你心里得有数，巷子的尽头是一堵墙，它哪儿也不通往，你即使在里面再爽，你迟早不还是得出来吗？不是还得回到我们这条现实的大道上吗？

我曾去过网吧，很多年轻人在那儿玩游戏，有的一看就是逃学的学生，年轻的面庞，二目也呆呆发愣，盯着屏幕，乌烟瘴气地在那儿玩游戏。如果你觉得自己是一个有点社会责任感的成年人，通常有些话会脱口而出——别玩了，那个玩意儿能当饭吃吗？你不是迟早还得回到现实世界，得挣钱、得找女朋友、得结婚生子吗？这才是实实在在的生活，那个东西虚头八脑的，虽然现在非常爽，但是一断电，它不就结束了吗？所以那叫死胡同，是没有前途的地方。这是我们一般的社会认知。

但是我们接下来就抬个杠，难道实和虚就是电子游戏的世界和我们现实世界之间的区别吗？不是，现实世界当中有大量虚的成分，如果按照这个标准，电影院是不是该关了？出版社是不是就不应该出版小说？酒吧是不是也该关门啊？我们见到一个多年未见的老朋友，一顿饭、一顿酒，而且从此就分离，再也不可能见面了，难道这样的聚会就毫无意义吗？不是啊，我们的文明其实大量建立在虚的东西上面。

甚至我们可以讲一句很根本的话，人类文明几万年来走过来的趋势是什么？就是不断地从实的地方溢出，走向虚的地方。原来我们狩猎、采集，整天食不果腹，吃是最大的问题，没有比这更实的吧？但是一旦进入农耕，我们的食物开始有了盈余，我们就开始整各种幺蛾子，比如说办个节，每个民族都有自己的节，平时舍不得吃的东西，过节这几天胡吃海塞，跳舞、唱歌，一次性地把它造掉，你说它符合实的原则吗？

到了工业社会那就更是这样，大量实的东西，我们只需要通过很少的人口就可以把它干掉了，比如说现在美国农业人口还不到总人口的2%，它的粮食还出口。将来工业也是一样，现在机器人突飞猛进，所有制造业将来没准儿都是交到机器人手里。所以人类吃不愁穿不愁，实的东西就结束了，未来人类可能全部要生活在虚拟的空间，不说虚拟吧，就是虚头八脑的空间，经常是你替我打扮一下，我给你讲个故事听，可能未来的世界就这样。

最近我听见硅谷的一个人演讲，说未来人类只剩下三种职业，第一种叫讲故事的人，比如罗胖这种人；第二种就是程序员，就是伺候各种机器；第三种就是客服，就是你买东西之后，我为你做一些服务。就剩这三种职业，当然这是那个硅谷人的很极端的判断，我们不去说它。但是人类文明从实到虚，这是一个基本的趋势，所以你不能说实的就好，虚的就坏，这也不是现实世界和电子游戏之间的区隔。

你说看个电影两个小时就结束了，而且娱乐身心，这是有益的虚，电子游戏太糟蹋健康了。那我又得跟你抬杠了，人类的整个文明发展史就是从健康的生活走向不健康的，我多次提到《人类简史》，里边就讲农业生活它就是一种不健康的生活，原来我们满山爬，到处找兔子，搜集果实，那才是健康的生活。一旦有了一片地，你天天哈着腰在那儿播种、耕耘，那就是不健康的生活。

到了工业社会，我们天天在一个流水线上，一个钉子、一个螺丝搬来搬去，那健康吗？我们现在几百万、上千万的人聚在一起闻着尾气，那是健康的生活吗？没办法，整个人类的发展史就是从健康生活走向不健康，所以这好像也不是游戏的问题。这问题越说越深，游戏和我们的世界我老觉得不对头，它到底哪儿不一样呢？我们就要回到更加根本的一个问题，就是游戏它为什么好玩。

我们一般人都玩过游戏，那个体验就是在游戏里很欢乐，有个著名的游戏专家讲过一句，真的是至理名言，他说游戏的反面不是工作，游戏的反面是抑郁，从来没有看过一个在玩游戏的人很抑郁，游戏总是快乐的。但是这句话未得究竟，为啥？我随便举一个例子，俄罗斯方块，这是世界游戏史上最经典的游戏，据说它有九项吉尼斯纪录，它的发明人其实是一个苏联工程师，据说是1982年发明的。它很多纪录到现在还保持着，最多玩的人、最多的下载次数、最多的版本，就是俄罗斯方块。

一堆各种形状的方块往下掉，掉到底上，如果把它填满了就可以消掉，得200分，然后一直到方块堆到最上面，游戏结束，就这么个游戏。你说它好玩吗？好玩，我印象最深的一次，是我大学毕业从武汉到北京去读研究生，路上那个火车十几个小时，我朋友借给我一个当时玩俄罗斯方块的游戏机，我目不转睛地玩了十几个小时，一点儿没觉得累。

我还看到过一则材料，说2002年的时候，有一个英国人在飞机上，非要打开手机玩俄罗斯方块，机组人员对他反复劝说，他就是不听，最后没办法，下了飞机把他给抓起来，判了四个月徒刑。这个人宁愿坐牢也要玩俄罗斯方块，这游戏的魅力也太大了吧？那问题来了，这游戏的魅力到底在哪儿呢？我们就解剖这只麻雀。

很多人说，游戏的魅力是在于细节上非常有趣，你看那个《疯狂的小鸟》，那个小鸟多好玩啊。那是现代游戏，现在的大型游戏细节上设计得都非常完美。但是俄罗斯方块可是人类历史上最成功的游戏，它细节上有什么好的？你看个电影、看个话剧，好歹还能欣赏演员的演技，好歹还有一些非常养眼的画面，有审美功能。

可是那些方块往下掉的时候有什么审美？如果在现实生活当中，给一个人一堆木头块子，说你给我拼，拼齐了就消除，就给你加分，他能玩十几个小时？那个英国人能冒坐牢的风险？这人也太无聊了吧，怎么可能？所以细节上的乐趣肯定不是游戏的秘密，这是第一点。

第二点，又有人说了，游戏因为互动就好玩。错，互动是所有游戏的特征，从一开始的捉迷藏、丢手绢，到围棋、象棋都是互动，电子游戏尤其是单机版的电子游戏，我们是跟那个机器在互动，那有什么意思？哪有围棋、象棋好玩？是跟真人互动，我赢了是我赢了具体的人。那为什么现在的小孩更多地痴迷于电子游戏，没有多少小孩天生就爱玩棋类游戏呢？这说明什么？电子游戏的魅力，它的根本秘密不在于互动这个因素，这是第二点。

又有人提出来，说游戏的魅力是在于能赢，我们在现实生活当中大家都是Loser，赢不了，在那儿我赢了。也不对，为啥？你回到俄罗斯方块想一想，俄罗斯方块这个游戏它的根本特征就是开局的时候注定就要输，绝对没有赢的概念，到最后就是方块堆到了顶，你输掉了。那你说它的乐趣在哪儿呢？

游戏为什么好玩

游戏的虚拟世界和我们生活的真实世界，那个界限其实没有你想象得那么清晰。

为什么电子游戏有这么大魅力，如此好玩呢？这就得回到我们人类作为一个生物学的物种，我们最深层的那个心理机制上去了。这个机制叫目标反馈系统，所有的生物都一样，但是人类把它给升级了，简单说就是因果关系。

因果关系并不是世界的本质，它是我们人类的一个逻辑工具，我们是用这个东西来套世界万物。那为啥呢？因为我们要求存，求存就必须要知道我们的一个行为和具体的结果之间的关系，所以我们把它抽象为因果关系，比如说饿了就吃，吃了就饱了，这是因果关系。

如果大千世界当中很多东西没法用因果关系来解释，那就强加一个因果关系给它。比如说天为什么下雨？因为有神仙；为什么太阳打东边出来？因为神仙要从那边赶路。各个民族都有自己的神话，这不是说哪个民族搞文学创作，是没办法，我们人类是靠因果关系理解世界的，如果缺了一个对现象的因的解释，我们是没法存活的。所以为什么每个民族都有鬼神，种因就在于此。因为我们要获得对世界的控制感。

比如说每个民族都有巫术，巫术的本质就是通过因果关系来控制这个世界，这是我们内心的一个渴望。这就是目的反馈系统，说白了，目标要达到，这本身很重要，但是更重要的是我在向目标前进的过程当中，我的每一个行为必须能够获得反馈，让我能够建立这种控制感。

想想看，这对于一个原始人，甚至是我们还是猴子的时候，对我的生存是多么重要？那个时候，目标系统其实很简单，说白了无非两样，第一是生存，第二是繁衍。相对复杂一点的呢，反而是一个反馈机制，因为任何一个生物，它要做出一个目的性的动作，比如说觅食或者求偶，它总希望环境给它一个很敏捷的反馈，所以它建立了非常复杂的感受系统，根据这个反馈就能调整和迭代，并优化自己的动作。就像现在的软件工程师是一样的，不断搜集用户的反馈，然后小步快跑，快速迭代。

一个物种只有这样优化自己，它才能够活得下来，我们人类活到今天，全部靠的是这个机制，才把自己变得如此强大。话说眨眼之间，几百万年就过去了，人类进入了现代生活，发现原来依靠的这个目标反馈系统出大问题了。

首先，这个反馈系统出了问题，因为现在我们依靠大量的技术。技术这个东西其实就是把大自然对我们的反馈机制给改了，比如说我们现在用手机拍照，我们总觉得不对，我们需要那咔嚓一声。可是咔嚓一声是原始的机械照相机的机械特征带来的，但是现在我们受不了没有咔嚓一声的手机拍照，所以往往还要加上这一声。

再比如说，现在的电动车其实已经没有马达了，它就是一个电动机，没办法，我们习惯了一脚油门下去，机车给我反馈一次轰鸣，所以现在很多电动车不得不设计一个噪声，让你感受到这个反馈。

更典型的是高档汽车的车门，其实现代的工业技术早就能做到关车门的时候一点声音都没有，但是我们受不了，关门怎么能没声音呢？我们理解一个高档轿车它的关门声应该是"砰"的一声，非常厚重。所以现在你听到的"砰"的一声是声学工程师帮你调出来的，它不是那个车门本来应该关上的声音。我们的反馈系统在现代的技术条件下，已经被改得面目全非，我们还需要新的技术补足这个反馈。这是一个变化。

还有一个变化就更重要了，就是现代人的生活面对的目标系统太复杂了。我们说一个简单的目标，比如说你高考想考上北京大学，就这一个目标，请问你怎么把它分解为反馈？你说我这一堂课认真听吗？有什么用啊？你感受不到那个具体的反馈，你必须长年累月地认真听讲，认真做作业，认真做习题，你才可能考上北京大学。

这就要调动我们的远见、理想、勤奋等等，而这些东西都不在我们的基因里面，所以就显得非常之困难。为什么在学校会有学渣？他就是无法建立起这种反馈机制，他不知道眼下的努力和我心里的那个目标之间是什么关系。为什么现实生活非常之丑陋？就是因为目标和反馈系统脱节了。

我再讲一个减肥的例子。减肥这事太困难，就是因为没有反馈系统，我这一辈子减了无数次肥，刚开始一天不吃，一称少了一斤，挺好；第二天呢，没动作，可能饿得已经翻江倒海，但是你的体重秤告诉你，你什么变化都没有。所以，一个减肥的心理的冲刺，往往就是因为长期没有反馈，停下来了，我们是受不了没有反馈的目标性行为的。

我还听说过一个段子，一个男孩追一个女孩，苦苦追了一年，对方死活就不答应，男孩没办法，只好撤了。女孩又反过来问，你为啥撤了？你为啥不追我了？男孩说，你倒是给我一个进度条啊，让我知道距离成功还有百分之多少。你看，这就是典型的直男思维。

但是它很合理，进度条这个东西是电脑操作系统的一个伟大的发明，电脑内部在怎么操作，其实我们外面看不到，但是你让我看到这个进度条，5%、20%、60%了，我心里就踏实了，我不断能够接受到反馈，我就可以等你慢慢运行。

很多婚姻介绍所经常有那种五十岁上下的男人，抱着几个房产证找姑娘，你喜欢我吧？我有三套房。这看起来很神经病，但是在直男的世界里很好理解，你姑娘喜不喜欢我，你倒是给我一个刻度，哪怕你漫天要价，说你得有一百套房我才嫁给你，我好歹知道该不该努力嘛，现在让我猜你的心思，我找不到这个反馈的信息，我是要疯掉的。所以为什么很多直男找不到女朋友，根子其实是在这儿。

现实生活在反馈不明确的情况下，是非常不美好的，我在职场上想进步，我想变得更加美丽，我想减肥等等，都得不到具体的反馈。所以我们往往就丧失了努力的热情，就不喜欢这个现实生活的世界。那怎么改进呢？其实方法很简单，把反馈给我们，就是改进。

现在有的人靠手机上的软件，每天走多少步，在朋友圈里跟大家比，不得了，原来没有意志减肥的人，现在走起路来跟疯了一样。我听说过的极端案例，就是每天拼命走拼命走，一定要达到朋友圈当中的第一名，实在做不到怎么办呢？把手机绑在狗身上，让狗天天在院子里跑，跑出一个朋友圈的第一名。我们马上就被激活了，因为我每一步我能看到具体的数字，我能看到我和他人的对比，我这个行为立即就转向积极。

在有微博之前，很多人是懒得写东西的，但是有了微博后为什么大家就爱写呢？因为你发一条，马上有人评论，有人转发，粉丝一个一个地就可以攒起来，这就是很细密的反馈。如果你说我要是天天在家青灯黄卷，写一篇几十万字的长篇小说，然后去找出版社寻求出版，最后功成名就，那样的长期反馈我们普通人是等不了的，我们受不了那种长期孤寂的耕耘。

再比如说创业，我曾经讲过一句话，创业就是修行。有人可能会反问，那你为啥不修行呢？你要跑来创业呢？我说创业有进度条，我成功了多少，市场给我这个公司的估值，还有我每年的营业额，能给我这个进度条。我内心里修行到哪个阶段了，我自己也不知道，就很难坚持得下去。

说到这儿，你琢磨出来一点什么没有？我们费了这么大篇幅，其实是想说，游戏到底是个什么东西？为什么好玩？游戏和我们的现实世界最大的区别在哪儿？就在于电子游戏利用了现在的电脑技术，可以对我们在那个虚拟世界当中的每一个动作做出最迅捷、最丰富的反馈信息，让我们随时随地都可以爽一把。

有一个做游戏的朋友跟我讲，你玩游戏的时候要是把声音关掉，这款游戏的可玩性就会大幅度地下降。我试了一下，还真的就是这样，好像马上就不好玩，为什么？他跟我讲，游戏的声音和画面设计，不是为了让你觉得很好听，或者是很好看，跟审美没有什么关系。它就是让你对这个世界有操控感，你的举手投足、一举一动，这个世界马上就会给你反馈。比如说你打了一下人，马上他身上就放出光环，或者长一个什么，飞出一个数字等等，它所有的东西都是作用于你当下的感觉。

再比如说，所有的电子游戏都有三套系统，第一个叫徽章系统，第二个叫分数系统，第三个叫排行榜系统。这三个系统本质上都是反馈，徽章是什么？是对你过去成绩的一种反馈，你在这个世界已经达到多少级了，然后给你取一个名字，这叫徽章，这是过去。而现在用的就是分数系统，你每做一个动作长多少分、减多少分，马上会获得当下的反馈；而排行榜是未来，那是你的典范和目标，你值得为它去追寻。所以过去、现在、未来，整个那个虚拟世界都会给你反馈。这也是游戏的魅力，为什么现在很多年轻人在讲，我要，我马上就要，这是玩游戏长大的一代自然的一个心理结构。你让他去等，像农民伯伯一样春种、夏耘、秋收、冬藏，或者说你天天努力工作，到月底给你发工资，然后到年终的时候会有一笔奖金，现在玩游戏长大的一代完全无法设想这种远期的激励系统，因为这个世界给他的反馈太慢了。为什么现实世界不好玩而游戏世界好玩呢？原因就在于此。

听到这儿你可能会说，无非是解释了电子游戏作为一种新型毒品，它是怎样让人上瘾的，可是没有解决游戏的问题，游戏仍然是一个坏东西，那些青少年被它勾引，在里面醉生梦死，耽误了太多的时间，将来在现实世界的竞争力就会变得比较差，所以游戏是一个坏东西。

这套说法对不对呢？如果早十几年前是对的，但是现在不一定。因为一个世界是真是假，有的时候不取决于一些客观标准，取决于一个因素，就是它有多少人。如果在那个世界里人到了一定的数量之后，很难说得清谁是大路、谁是岔道；谁是现实、谁是虚拟。

这种事情在人类历史上发生过很多回，比如说基督教，最开始耶稣带着他的十二门徒去传教的时候，在正宗的犹太教看来，这就是一个邪教，或者说是一个小教派，你就是岔道。可是当基督教在整个欧洲开枝散叶，拥有在全世界几亿教徒的时候，你还能说它是个假的吗？你能说它是个虚拟世界吗？它拥有了自己的历史、自己的文学、自己的艺术创作、自己的社会阶层、自己的现实财富，甚至是一些人格榜样，它拥有了那么多人之后，他们还会回到所谓的现实世界吗？如果在中世纪，你要不是基督徒，对不起，你是在岔道上。所以人数多少决定谁真谁假，谁虚谁实。

我自己有这样的人生体验，我在现实生活当中觉得玩游戏的人没出息，但是有一次一桌人吃饭，其他人都在玩魔兽世界，我没玩过，我就觉得自己很Low，他们说什么我完全听不懂，那一刻我发现，我在死胡同里。

再比如说打高尔夫球，你以为打高尔夫球的富人都是为了玩吗？不是，高尔夫球本身是一个世界，它里面通向很多地方，比如说商业。商人们打高尔夫球，往往是打完球在饭桌上谈球，今天谁打得好，谁打得不好，多少多少杆，可是在球场上，人家在谈生意，打高尔夫球那只是一个入口，是通向他们的生意世界。如果你不会打高尔夫球，对不起，你跟这帮人在餐桌上谈不了球，你在球场上就谈不了生意，所以你才是个死胡同。

一个虚拟的世界，一转身变成一个真实的世界，其实没有那么难，主要是凑够了几个条件就可以。第一个条件就是足够多的人数，刚才讲了，电子游戏绝对不缺人。第二个条件是普通人在这个世界里能够找到幸福感，这恰恰是电子游戏的长项。

幸福感这个事说来有点虚无缥缈，但是心理学上有一个词可以大体地替代它，这个词叫"心流"。意思就是一个人沉溺于当下做的这件事情，忘了外面的时间，这就叫进入心流状态。比如说你跟心爱的人在一起，或者你做一件特别擅长、特别专注的事情的时候，你就会忘却外部的时间，每一个人都有这样的体验，如果没有，打游戏的时候肯定有这样的体验，十几个小时一会儿就过去了，这就叫心流。

心流是怎么建立的？心流其实是一种平衡，就是在挑战和熟悉的技艺之间有一种平衡。因为如果这个挑战太难，我们就会进入一种情绪，叫焦虑；如果这个挑战太容易，我们就会进入一种情绪，叫无聊。在焦虑和无聊之间的那个状态，就会容易进入心流状态，而基本上所有的幸福感都是建立在心流状态上的。游戏最大的好处就是难度可调，你非常容易找到对自己的智力和体力来说，挑战正好适度的那款游戏，所以你很方便进入心流，然后通向幸福感，这是第二个条件。

第三个条件，成就感和自豪感，游戏世界里面最不缺的就是这个。我看过一本书，叫《游戏改变世界》，里面举了一个例子，大概是2009年，这是西方世界的一个游戏，叫《光环3》，第三个版本的《光环》，里面发起了所谓的第三次战役，这当然是个虚拟的世界了，是地球人反抗外星人对我们的攻击。杀掉了一百亿个外星人，动员了一千五百万名地球战士，就是这些游戏玩家。这已经超过了现在地球上职业军人的总和了，大家在里面杀外星人，杀了一百亿，杀到一百亿的时候，这个游戏群落里面就发了一个通告，我们代替地球人抵挡住了外星人对我们残忍的攻击，我们多么伟大。大家就真的有伟大感。

每一个人的伟大感你觉得都那么真吗？其实有的时候就像是一个游戏，比如说你支持的球队夺冠了，在好消息传来的那一刻，我们不都感觉到自豪感和成就感吗？游戏世界里有的是这个东西，这是第三样。

第四个是社交，只有社交它才会变成真实世界，游戏里面也不缺。你以为打游戏的人仅仅是通过网络大家隔空用一些假名字在社交？不是，我看过不少游戏的网友在线下聚会，在线下聚会就会产生大量的现实生活当中的协作，甚至是一块儿做生意，一块儿创业，你创业我投资等等这种事，在游戏社群里其实正在大规模地发生。发生的频度、密度和烈度，远远超过我们这些不玩游戏的人的想象，这是第四个要件。

第五个要件就是他得有真实的钱。游戏世界里当然也不缺，那些游戏的竞技高手，他们一年的收入是有多少？别说参与竞技的了，就是做游戏解说的人，一年拿到上千万的收入也不是什么稀奇的事，那这还是一个虚拟的世界吗？如果你非要说这种就是骗玩游戏的小孩的钱，如果非要用这个"骗"字，那好，回到现实生活当中，所有写小说的、排话剧的、拍电影的，甚至是下围棋、下象棋的人，他们挣的钱也都是骗来的，是不是这个道理？所以游戏的虚拟世界和我们生活的真实世界，那个界限其实没有你想象的那么清晰。

游戏的世界

因为人类世界从来都是这样，如果有人创造了一个比较领先的意义世界，真实世界会赶上去，从来不会逼着人类做一个判断，丢弃一个过往的家园，进入一个全新的空间。

游戏本身不是我的关注点，而是游戏那个世界和我们的真实世界之间的关系，将来会怎样演化，这个问题非常迷人。

我看到过一本书，叫《有限游戏和无限游戏》，这书看得我如获至宝。它的作者是一个美国人，这书可不是讲游戏，它是从游戏的角度来重新解释整个人类文明。这书其实很薄，没有多少字，而且写法很有意思，是一个格言体，一句一句、一段一段的，可以说每一句都值得琢磨，是我近年来看到的智慧浓度最高的一本书。

这本书提供了一个非常牛的视角，就是整个人类文明，包括商业、政治、法律、经济、战争，其实都是游戏。

人类历史上那些聪明人接触到这个命题其实有很多，比如德国的社会学家马克斯·韦伯，他就讲过一句对我启发特别大的话：人类是什么？人类是悬挂在自己编织的意义之网上的动物。

这话说得太牛了。

如果人类只有实的一部分，那就是个动物。只有当人类去追寻那些虚头八脑的，甚至仅仅是自己想象出来的意义的时候，并且把自己的生命挂在上面的时候，你才是个人。如果理解了马克斯·韦伯的这个观点，我们再来看今天的电子游戏是什么，那就很清楚了，它是利用现在发达的电脑科技，在制造意义这个方面领先一步的一个精神领域。

这是我个人对电子游戏下的一个判断，如果你接受这个判断，那问题来了，人类世界的未来到底会怎么样呢？会不会像前面讲的那篇论文所写的，人类正在经历第二次大迁徙，我们要从真实世界向那个虚拟世界大移民。那最后的结果其实就是电影《黑客帝国》里面演的，我们每一个人像猪一样被机器人饲养，然后脑子里插一根电极，从此生活在虚拟世界，会吗？我个人的判断是不会。

因为人类世界从来都是这样，如果有人创造了一个比较领先的意义世界，真实世界会赶上去，从来不会逼着人类做一个判断，丢弃一个过往的家园，进入一个全新的空间。孔老夫子在几千年前搞出那一套儒家学说，刚开始它就是一个领先的意义世界，跟着它跑的人不多，但是当儒家思想真的变成大家都接受的了，整个中华文明甚至是东亚世界都接受这一套思想，真实世界本身被改造，就会用自己的步伐和节奏赶上这个意义世界。

这其实也是人类社会不断提升自己的一个方式，什么人叫牛人？就是他的意义世界和你的不一样，比如说同样是读书这件事，有的人问他为什么读书？怕老师骂，怕家长打；有的人问他为什么读书？我想升官发财考大学；还有人给出这样的回答，我是为中华之崛起而读书。所以社会的境界、个人的境界，都是现实和虚拟意义之间的关系发生了变化。

所以我的判断，真实世界会游戏化，而不是我们变成游戏中的人。这个变化过程和融合过程是怎样发生的呢？通过刚才讲的那个原理，其实就是把游戏世界那种迅捷、快速而绵密的反馈机制，移植到我们现实生活中来。

现在大量的公司都在做这样的改造，比如说微软做一个操作系统，里面可能出现Bug，尤其是它做那么多种语言的操作系统，那Bug肯定很多，如果找一个专门的机构给它挑，肯定非常困难，而且出错率很高。结果微软就在自己的公司内部悬赏，谁能挑出来最多，我们给一个什么奖励。其实是把这件事情在微软内部变成了一个极其欢乐的游戏。

前些年英国发生了一件很有名的事，就是突然公布了国会议员平时报销的账目，这是一个很大的数据库。但是老百姓不怕麻烦，因为终于有机会去玩一局"警察抓小偷"的游戏，你们这些国会议员平时人模狗样，我倒是要看看你们在报销账目上是不是多吃多占。一堆发票要细心地去对，如果把这个工程让专业的监察机构或者是记者来调查，这个任务不可能完成。但是老百姓欢乐，最后果然找出了一大堆议员的毛病，甚至最后有判刑的。所以说，游戏思维、游戏玩法，正在改变政治生态。

科学家们也在利用这个机制。有本书叫《游戏改变世界》，这里面就举了大量的例子，包括老百姓用游戏的心态免费帮科学家进行大量的计算，最后推动科学研究的例子。

其实奥巴马一上台之后就提出，一定要把游戏变成下一代美国人学习的方法，后来果然就有人做了大量实验，在美国纽约，就有一些中小学搞了一个实验，叫"学习的远征"。就是把平时那种枯燥的课堂教学全部变成游戏，这帮孩子就是用游戏的方法逐渐学习过来的，我觉得太绝了。

我有时候就在瞎想，如果我有机会办一个小学，我会把它改造成一个游戏的，孩子们早上到学校来，哪有什么早读，哪有什么课程表，没有，大家请进图书馆，老师们已经把一些题目放在一些神秘的书里面，第一个游戏就是把今天这些题目找出来，这是下一个关口的通关钥匙。

这些题目你要会做，直接进入下一个环节，如果不会做可以请教老师，老师在教室里等着你们。但是请注意，老师给你们上课，你们是要花这个游戏里面的点数的，当然你可以说，我说服其他小朋友跟我一起去解这道题，一起去请教这个老师，可以平摊这个点数，这样一来是不是又锻炼了孩子们互相说服和协作的能力？

当然，老师给你们讲完这堂课之后，可以给你们提几个问题，允许你们把这个点数又挣回去。通过诸如此类的设计，可以把学校的教育完全变成游戏。我相信这样长大的孩子，他会天生对知识有强烈的兴趣，天生会协作，天生有好奇心。我相信要不了多少年，大家就会明白，在生活和游戏之间，绝对不会让我们放弃生活进入游戏，而是生活本身变成了一局很好玩的游戏。

最近我重读了一本书，作家张大春写的《大唐李白》，书中对李白的所有评价中，我最有感触的是这么一句话，他说李白这一生游历无数，算是一个大旅行家，他看到了那么多现实，但是他其实看的不是现实，而是先秦、两汉、魏晋这些历史，和他自己想象出来的神仙世界在现实中的投影。所以，牛人都是这么活的，虚实之间的界限已没有那么明显了。

游戏是未来人类表达自己、创造意义的一个媒介，它是下一代人类文明的基础。

游戏化世界

游戏不仅是一群人沉迷其中的玩乐，游戏会成为我们新的生存方式。这不是什么黑暗的前途，用得好，它将是人类重返自己精神家园的途径。

如果你不是一个沉迷于游戏的人，对游戏的观感应该不是很好。因为大量的年轻人，尤其是小学生，玩游戏成瘾。

一般的观点是，玩游戏既伤害身体，又耽误学业。所以，游戏好像越来越成为一个社会问题。做游戏产业的人，虽然很赚钱，但总是背负着一种道德上的瑕疵。

我认识一位在游戏业很有名的企业家，他叹口气说，我们这是合法卖让人上瘾的东西，连江湖尊重都没有。

这当然是开玩笑的话。不过，游戏业就等于研究怎么让人上瘾吗？他们有没有别的价值呢？

要回答这个问题，我们得先追问另一个问题——为什么游戏会让人上瘾？

你可能听说过很多词，比如即时反馈、荣誉系统、成就感、社交动力等等，这都是游戏让人上瘾的机制。但问题是，为什么人类会吃这一套呢？

我看了清华大学历史系刘梦霏的一系列文章后，深受启发。

刘梦霏自称是一个"潜伏在历史系里的游戏研究者"，她认为，游戏提供的不是上瘾，而是一种可能性。

游戏是让人能够完整地自我实现，让玩家能回到集体潜意识中，去狩猎采集的祖先式的生活方式。那是一种意义完整的生活方式，从而能填补在当代工业社会中，针对个人而言断裂的意义链条。

人们之所以要玩游戏，是因为游戏让你在工业社会中，仍然能做一个大写的人。

这个观点有意思了。

说白了就是，人类从狩猎采集社会的状态里走出来，一万年左右，一路从农业社会、工业社会、信息社会，狂奔到今天。但是，我们身体底层的需求和思维模式，还是停留在狩猎采集社会，而游戏让我们可以暂时地回去。

你可以想象一下，我们的先祖，在狩猎采集时代的生活方式是什么，和今天有什么不同？

首先，那个时候我们天天都处于探索的状态，大自然是那么庞大，我们不知道它的全部真相。我们每天要从住的地方出发，探索周边的环境，采集蔬菜果实、打猎，每一次有收获都是意外之喜。

但是现代社会就完全不是这样了，探索的精神在衰退，因为大量的事情都是确定的。你每天上班坐地铁，会在精确的时间抵达确定的地方；很多工作内容都是预先计划好的；大量的人工作只是为了生计，没有什么意外之喜。

第二，在狩猎采集时代，我们并不追求效率，每天劳动时间很有限。因为没有冰箱，多采集食物也没用。每天有大量的闲暇时间，和我们的家人或者从小就熟悉的人相处。

你看现在的猴群，大量时间是用来社交和玩耍。而在现代社会呢，效率的螺丝每天都在拧紧，整个现代社会体系其实就是一台压榨机，把陌生人大规模合作的效率潜能给压榨出来。

只要你还有一点时间、一点精力，都会被诱导投入到为提高效率而从事的工作中。否则，按照现代社会的标准，你就是不上进、没出息。

第三，在狩猎采集时代，人类会为了解决一些特定的问题，制造一些用途特别明确的生活物品。每做一件事，都能直接看到它的结果。

比如，做一个小首饰，戴在头上，很好看；做一把小石刀，可以划开兽皮，等等。做的事和这事的用途、结果之间的关系，是直接的、可见的。

但是在现代社会呢？几乎你当前做的每一件事，都缺乏直接可见的结果。

比如，你寒窗读书十二年，是为了最后一下子的高考，但我们每认一个字，每做一道题，却不能直接兑换为高考分数。

再比如，你工作了，你的每一项工作，当下的结果都不可见，总是要等到月度考评或年终的时候，才能看到成绩。

我们再总结一下上面三点。

狩猎采集时代，人类的生活方式随时随地有探索的乐趣，有大量的社交和闲暇，所有的行动有即时反馈。

但是，这是一万年前的事情了。后来进入农耕社会之后，人类的财富迅速增长，但代价是，这些狩猎采集时代的生活方式，彻底消失在历史的深处。

但是有一样东西没有消失，那就是人类的基因，它一直被复制到了我们现代人的身上。一万年的时间太短，基因几乎没有什么变化。

这下我们就明白，为什么游戏会让人成瘾？游戏不就是提供给我们一万年前熟悉的那种生活方式吗？

第一，有探索的乐趣，每一个游戏都是一个崭新的世界。好的游戏，几乎有无穷多的细节和深度有待你发现，可以随时获得成就感。

第二，有大量的社交和闲暇。很多人说爱打游戏的宅男非常孤独。

其实才不是呢，他们是在现实世界里孤独，游戏恰恰是治疗他们孤独最好的良药，里面的战队、伙伴、社团，比现实世界里热闹。

第三，很多人沉迷游戏的原因，是因为游戏有清晰的即时反馈。

在游戏里，你每打一只怪，都会非常明确地获得100点的经验值，绝不落空。你的每一个成就，都会记录在徽章系统、排行榜系统和分数系统里。你可以随时知道自己的进步，现在的游戏，会竭尽全力地优化这些反馈。

聊到这里，你肯定明白了，沉迷游戏，本质上不是游戏本身的问题。实质上，它是人类现代文明和人类远古生活方式断裂导致的问题。

这个断裂的责任，不应该由游戏来单方面承担罪责。

电子游戏，不是一帮坏人为了利益坑害他人。它是技术发展到这个阶段，必然会出现的东西。

在人类历史上，一旦出现新东西，都会有相当大的副作用。那个时代就会有人喊，完了完了，礼崩乐坏，前途一片黑暗。

比如，电视发明之后，当时就有很多人觉得，天呐，怎么会有那么多人沉迷于电视？电视成瘾，下一代怎么办？

事实上，我们看电视长大的一代，不也照样活蹦乱跳，没有成为堕落的一代啊。从一个更长的历史时段来看，人类文明总是被这些东西推动着向前走。

把好坏判断放在一边，这种新技术，就是一个事实，我们无力拒绝。只不过，下一阶段的人类文明，会在这些事实上变得不一样。

前面提到的那位清华大学历史系的刘梦霏，有一个说法很有意思。她说，游戏是一种精神过程，游戏是一种平等与自由的媒介，能够最大限度地发挥人的自主性，通过反馈和社群认同，使人感受到自己的行为有意义。

什么意思？简单说就是，游戏是未来人类表达自己、创造意义的一个媒介，它是下一代人类文明的基础。

未来，游戏不仅仅是一种玩具，游戏会成为经济、社会、制度重构的一种基本机制。娱乐会游戏化，公司管理会游戏化，教育会游戏化。

游戏不仅是一群人沉迷其中的玩乐，也会成为我们新的生存方式。这不是什么黑暗的前途，用得好，它将是人类重返自己精神家园的途径。

只不过，这个进程刚刚展开，我们现在看到的乱象，会逐渐溶解在它展开的过程中。

游戏化工作

因为大家心知肚明，这是游戏，没有那么多对失败后的恐惧。

　　游戏成瘾被看成是一个负面现象，但并不是游戏本身的罪过，而是体现了人类生活方式的一种断裂——是我们的脑子和身体还停留在一万年前，而生活和工作又不得不适应现代社会。

　　而在未来，随着技术的进步，人类有机会弥补这个裂缝。

　　在游戏精神的基础上，重构下一代人类文明。也就是说，人类文明的方方面面，都面临一个"游戏化"的前景。

　　在工业时代，处理问题的通常思路，就是分割和分类。职业要分类，学科要分类，就拿游戏来说，我们也把它看成是一个单独的事。上班八小时，你不能玩游戏，下了班可以娱乐。孩子上学不能玩，做完作业可以打一会儿游戏。

　　我们承认游戏的正当性，但总想限制游戏的范围，一旦越界，占用了过多时间，就叫"游戏成瘾"，会引发全社会的焦虑。

　　但是工业化时代这种分割和分类思维，正在受到挑战，未来时代的总逻辑是融合和融通。所以，游戏能不能从单纯的娱乐圈子跑出来，成为一种泛化的现象呢？

也许不可避免，为什么？

因为游戏有一种能力。过去，我们总是把游戏和严肃认真对立起来，但这种对立是经不住推敲的。因为，严肃可以排除游戏，但反过来，游戏却能很好地包含严肃。

也就是说，严肃认真的时候不能玩，但是玩的时候却可以严肃认真。

所以，很多人就开始思考，能不能让游戏成为一种激发创意的媒介。利用游戏的框架，或者游戏的其他衍生品，来解决工作生活中一切非游戏的问题，把应该很严肃的东西"游戏化"。

现在全世界很多地方都在进行这方面的实践。比如，美国的一些设计师，就在尝试用游戏化改变中小学教育，他们做了一项很简单的改变，主要是把考试从减分制变成加分制。

我们小时候经历的考试，其实都建立在纠错和惩罚的观念基础上。考试是假设你本来应该满分，但是有的地方没学好，做错了，要扣分。通过受挫让你接受惩罚，下次得改。

但是加分制就不同了，这里面没有满分。

每个学生都从零分开始，每完成一次作业，或者考试做对一道题，就取得更高的分数和级数。然后还引入了班级总分制，孩子都知道，自己是班级团队中的一员，班级的总分是要和其他班级比的。你得的分数越多，给集体的贡献就越大，你帮助其他同学得分，其实和自己得分是一样的。

这就促进了社交和互助，而不像原先系统中冷漠和竞争的关系。

还有，他们把课程体系变成了通关制。比如，这一周是数学周，下一周是语文周，大家协力通关。在某一门课上有专长的同学，还能为班级赢得特殊的附加分。这样一来，团体中的每个人都感受到自己的独特之处。

一个惩罚系统，变成了激励系统——从竞争系统，变成了合作系统。这样学习过程就变成了游戏过程，可以想象一下，孩子在这样的学校学习，学习动力问题是不是就改善了很多？

游戏化的方法，不仅可以改善系统，也可以用于自我管理，也就是对付自己。很多人对自己正在做的事情都有两种负面感受，要么觉得无聊，要么觉得焦虑。

这两种感受，说白了就是难度问题。如果事情太简单，你会觉得无聊；如果太难，你又会觉得焦虑。

而游戏，恰恰可以改善这些感受。游戏的一个重要目的，就是制造一种心理状态，叫"心流"。也就是全神贯注地沉浸其中，去做一件事。

那游戏是怎么做到的呢？

其实就是通过调节难度，调节到正好的程度，不无聊也不焦虑，就会进入"心流"状态。

理解了这个原理，我们就可以想方设法来对付自己了。

有一个90后游戏大神，叫龚攀，他就告诉我，如果你觉得一件工作很无聊，原因就是太简单嘛，应对方法就是增加难度。

怎样增加呢？

比如，缩短时间：过去2小时完成的工作，今天玩个小游戏，有没有办法90分钟搞定？

还有，改变方式：过去用键盘写作，觉得很枯燥，今天玩个小游戏，能否用语音加上文字转换软件的方式来写作？

再比如，增加规则：假如我比较容易以自我为中心，可能过得很无聊，今天玩个小游戏，能不能试试看一整天不说一个"我"字？

增加难度，提高限制，会增加工作的趣味性，把工作变成游戏。反过来，如果你觉得一项工作太难了，难到让你产生焦虑，怎么办？

游戏想要通关也很难啊，但是很多人沉浸其中，一点也不焦虑——因为游戏的办法是四个字：任务拆解。

在游戏里，假设你是一个1级的新手，系统提示说，想通关就要打败99级的大魔王。这个时候，你就处于焦虑中，因为大魔王一个脚趾就能打倒你。

如何打败大魔王呢？游戏系统会给你一些任务目标来做。

比如，去村口杀十只野猪，你就可以升到10级；然后去城镇完成什么任务，可以升到50级；然后要拿到什么装备，进而就可以杀死大魔王。游戏会给你一步步的小指示，通过这些指示去解决问题，这就是任务拆解。

游戏设计就是让你通过任务拆解，来逐步接近一个大目标。所以，游戏再难，也会吸引住很多人。总之，就是通过把大难题拆解成小任务，去一步步完成。这个原理和游戏是一样的。

解决现实生活中的焦虑，还有一个重点，就是要重新理解"失败"。

现实生活中，有的学生考试失败，就会大哭、崩溃。去追求女生，很多男生在表白前会紧张得坐卧不宁。其实从局外人看来，这些失败都没什么大不了，但当事人总倾向于夸大失败的后果。

但是在游戏里，失败是常态。

有统计说，玩家80%的时间都用在失败上。但是，好像玩家们并没有在这些失败面前很沮丧，为啥？

因为大家心知肚明，这是游戏，没有那么多对失败后的恐惧。

所以，很多公司就在这上面花心思，重新塑造员工对失败的感受。比如，Facebook有个规定，一旦某个员工任务没完成，就会在他的桌子上放一只可爱的小熊：这既是惩罚，也很好玩，没有那么严肃。长此以往，大家对于失败，就没有那么恐惧了，虽然有点丢面子。

关于游戏这个话题，小小总结一下：游戏不是什么洪水猛兽，游戏的精髓是重建人生的意义。游戏让我们有可能回到人人都有主动性、一切都有紧密联系的世界。

未来时代，可能一切都是"游戏"。

罗 胖 人 文 书 清 单

01.《天才的编辑：麦克斯·珀金斯与一个文学时代》

作者：A.司各特·伯格

出版时间：2017年

出版社：广西师范大学出版社

02.《谈美》

作者：朱光潜

出版时间：2016年

出版社：东方出版中心

03.《设计心理学》

作者：唐纳德·A.诺曼

出版时间：2015年

出版社：中信出版社

04.《艺术品如何定价：价格在当代艺术市场中的象征意义》

作者：奥拉夫·维尔苏斯

出版时间：2017年

出版社：译林出版社

05.《人类"吸猫"小史：家猫如何驯化人类并统治世界》

作者：艾比盖尔·塔克

出版时间：2018年

出版社：中信出版社

06.《社交天性：人类社交的三大驱动力》

作者：马修·利伯曼

出版时间：2016年

出版社：浙江人民出版社

07.《美丽的标价：模特行业的规则》

作者：阿什利·米尔斯

出版时间：2018年

出版社：华东师范大学出版社

08.《莫扎特的成败：社会学视野下的音乐天才》

作者：诺贝特·埃利亚斯

出版时间：2006年

出版社：广西师范大学出版社

09.《咖啡瘾史：一场穿越800年的咖啡冒险》

作者：斯图尔德·李·艾伦

出版时间：2018年

出版社：广东人民出版社

10.《游戏改变世界：游戏化如何让现实变得更美好》

作者：简·麦戈尼格尔

出版时间：2016年

出版社：北京联合出版公司

我的人文书清单

列下你未来半年的读书清单吧!

罗胖，和你一起终身学习!

激发个人成长

多年以来，千千万万有经验的读者，都会定期查看熊猫君家的最新书目，挑选满足自己成长需求的新书。

读客图书以"激发个人成长"为使命，在以下三个方面为您精选优质图书：

1. 精神成长
熊猫君家精彩绝伦的小说文库和人文类图书，帮助你成为永远充满梦想、勇气和爱的人！

2. 知识结构成长
熊猫君家的历史类、社科类图书，帮助你了解从宇宙诞生、文明演变直至今日世界之形成的方方面面。

3. 工作技能成长
熊猫君家的经管类、家教类图书，指引你更好地工作、更有效率地生活，减少人生中的烦恼。

每一本读客图书都轻松好读，精彩绝伦，充满无穷阅读乐趣！

认准读客熊猫

读客所有图书，在书脊、腰封、封底和前后勒口都有"**读客熊猫**"标志。

两步帮你快速找到读客图书

1. 找读客熊猫

2. 找黑白格子

马上扫二维码，关注**"熊猫君"**

和千万读者一起成长吧！